历史的丰碑丛书

现代经济学之父 亚当·斯密

吴宇晖 编著

吉林人民出版社

图书在版编目(CIP)数据

现代经济学之父——亚当·斯密 / 吴宇晖编著 . --
长春 : 吉林人民出版社 , 2011.4 (2021.8 重印)
（历史的丰碑丛书）
ISBN 978-7-206-07603-9

Ⅰ.①现… Ⅱ.①吴… Ⅲ.①亚当·斯密（1723～
1790）—生平事迹—青年读物②亚当·斯密（1723～1790）
—生平事迹—少年读物 Ⅳ.① K835.615.31-49

中国版本图书馆 CIP 数据核字 (2011) 第 038180 号

现代经济学之父 亚当·斯密
XIANDAI JINGJIXUE ZHI FU　YADANG·SIMI

编　　著:吴宇晖
责任编辑:周立东　　　　封面设计:孙浩瀚
制　　作:吉林人民出版社图文设计印务中心
吉林人民出版社出版 发行(长春市人民大街7548号　邮政编码:130022)
印　刷:北京一鑫印务有限责任公司
开　本:787mm×1092mm　　1/16
印　张:8　　　　字　数:72千字
标准书号:ISBN 978-7-206-07603-9
版　次:2011年4月第1版　　印　次:2021年8月第2次印刷
定　价:35.00 元

如发现印装质量问题,影响阅读,请与出版社联系调换。

编者的话

　　"欲知大道，必先为史"。

　　回溯人类的足迹，人们首先看到的总是那些在其各自背景和时点上标志着社会高度和进步里程的伟大人物。他们是历史的丰碑，是后世之鉴。

　　黑格尔说："无疑，一个时代的杰出个人是特性，一般说来，就反映了这个时代的总的精神。"普希金说："跟随伟大人物的思想是一门引人入胜的科学。"

　　以史为鉴，面向未来。作为21世纪的继往开来者，我们觉得，在知史基础上具有宽广的知识结构、开阔的胸襟和敏锐的洞察力应是首要的素质要求，而在历史的大背景中追寻丰碑人物的思想、风范和足迹，应是知史的捷径。

考虑到现代人时间的宝贵，我们期盼以尽量精短的篇幅容纳尽量丰富的信息，展现尽量宏大的历史画卷和历史规律。为此，我们编撰了这套丛书。

编撰丛书的过程，也是纵览历代风云、伴随伟人心路、吸收历史营养的过程。沉心于书页，我们随处感受着各历史时期伟大人物所体现的推动历史进步的人类征服力量。我们随着伟人命运及事业的坎坷与辉煌而悲喜，为他们思想的深邃精湛、行为的大气脱俗而会意感慨、拍案叫绝。

然而，在思想开始远游和精神获得享受的同时，我们也随之感受到历史脚步的沉重和历史过程的曲折。社会每前进一步都是艰难的，都伴随着巨大的痛苦和付出。历史的伟大在于它最终走向进步，最终在血污中诞生了鲜活的"婴孩"。

历史有继承性和局限性，不能凭空创造。伟人也有血肉，他们的思想、行为因此注定了同样具有历史的局限性和阶级的、时代的烙印；他们的功业建立于千千万万广大人民群众伟大创造的基础上。历史是人民群众创造的，伟大的人物们是历史和时代造就的。同时，我们也无法否定此间他们个人的努力。这也正是我们编撰这套丛书的目的。

我们期盼着这套丛书得到社会的认同，对读者，特别是青少年读者之历史感、成就感和使命感的培养有所裨益。史海浩瀚，群

星璀璨。我们以对广大青少年读者负责的精
神，精心遴选，以助力青少年成长进步，集
结出版了《历史的丰碑》系列丛书，敬请读
者批评、指正。

历史的丰碑丛书

编 委 会

策　划：　胡维革　吴铁光

　　　　　林　巍　冯子龙

主　编：　胡维革　邢万生

副主编：　贾淑文　谷艳秋

编　委：（按姓氏笔画为序）

　　　　　于二辉　刘士琳

　　　　　刘文辉　孙建军

　　　　　李艳萍　吴兰萍

　　　　　杨九屹　隋　军

亚当·斯密是英国古典政治经济学最优秀的代表人物和创始人之一。他的《国民财富的性质和原因的研究》（1776年发表，以下简称《国富论》），是经济学说史上一部划时代的伟大著作。它使经济学这门"最古老而又最新颖的艺术"，第一次成为一门真正独立的科学。而且还成为马克思主义政治经济学的一个来源。

一提起市场经济，我们就会自然而然想起亚当·斯密，作为市场经济的理论思想先驱，他是第一位充分地了解到并以有力而深刻的论述，指出了市场运行的机制作用是怎么样在混乱的各个人的活动中保持社会生活所需要的秩序的经济学家。亚当·斯密关于市场经济的深刻思想，哺育了在他以后差不多所有的经济学家的成长。亚当·斯密的名字，就是市场经济的旗帜，是"现代经济学之父"。

目　录

历史的丰碑丛书

斯密的个性

他是我认识的人中最爱在别人面前走神的人。

——卡莱尔

我在哥莫拉（哥莫拉是《旧约圣经》创世纪□因为居民邪恶，被上帝毁灭的城镇）只发现了一个正直的人。那就是《国富论》的作者亚当·斯密。

——埃利奥特

1976年，世界上著名的经济学家都跑到英国苏格兰一个靠海的名叫柯卡尔迪的小镇，为自己的一位创始人的奠基之作举行200周年纪念。家乡还为这位200多年前的人留有一席之地：一个半身像，一座小小的纪念馆，与一条以他的名字命名的小胡同，据说这位伟人在完成他的成名之作时曾在这条小路上来回踱步沉思。可是，家乡的人们对他的印象却因时光的流逝而淡漠了。一位美国经济学家曾好奇地问当地的出租车司机："你知道亚当·斯密是谁吗?"司机想了想，回答说："他大概是个诗人吧。"这个小镇贡献的历史

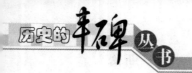
知名人物很多，亚当·斯密只是一长串名单中的一个。

但如果18世纪60年代到英国访问，多半会听说格拉斯哥大学有个叫亚当·斯密的人。在当时，斯密博士即使不是妇孺皆知，至少也是个知名人物。伏尔泰知道他，大卫·休谟是他的至交，许多学者从国外远道而来听他的热情讲话。这不是因为斯密干了什么轰轰烈烈的大事，或者具有很大的权力，而是因为他的思想和个性的魅力。

斯密的外表并不出众，他中等身材，下垂的眼皮，

← 亚当·斯密铜像

→伏尔泰

深眼窝，下嘴唇突出，一个大鹰钩鼻子，总是戴着假发，拿着手杖。由于受到过神经方面的折磨，他的头摇晃不定，说起话来结结巴巴，自言自语，怪模怪样。他衣着考究，穿着件浅色外套，短裤，白丝袜，有扣的鞋子，戴的是平顶阔边的海狸皮帽，拿着手杖，在一条用圆石砌的路上行走。但他两眼望着天空，口中念念有词，像是在唠叨些什么。他每走一步就要迟疑一下，似乎想换个方向走，甚至想倒退着走，一个朋友说他的样子就像个蠕虫在地上爬。有一天，他从两个女小贩身旁走过时，她们以为他精神失常，悄悄议论说："天呐，多可怜的人！可穿着倒还不错！"

斯密以常常会处于神不守舍的状态而闻名。有一次，一位认识斯密的人，在谈起斯密是他"从未见过的那样心不在焉的人"时讲起这样一件事：一天早晨访问斯密时，他正坐在早餐桌前，谈到兴高采烈时，斯密拿起一块抹上黄油的面包，把它攥成一团以后，放到红茶壶里，注上开水。过了一会儿，他把水倒在茶杯里，喝了一口，便说他从未喝过这样难喝的茶。据说谁也不愿意在玩纸牌时同斯密结伴，因为斯密玩着玩着就会因想起了什么而"瞎垫牌，或忘记叫牌"。斯密在晚年当了海关税务官员，经常需要在公文上签名。一次，他没有写自己的名字，而是模仿在他前面刚签了的名字写了别人的名字。

斯密的心不在焉总是发生在他把精神专注于潜心思考的时候。一位斯密传记的作家这样评价斯密神不守舍的原因："这是一种长时间注意力过度集中的结果，而我们这个世界正是由于他的思想过度集中而得到了很多好处。如果可以这样说的话，这是思想家的思想痉挛。"

不过，心不在焉的毛病也使斯密做过可笑的蠢事。一个朋友记叙了从斯密在海关税务局的同事那里听到的这样一件事情："（海关）税务局雇用了一个身材魁梧的人做门卫。……海关税务专员一走进门来，他就用职务棒行礼，这种仪式在这位大经济学家面前以往大约至少做过500次了。尽管如此，有一天，他刚要迈进海关，可能是不理解这个门卫动作的性质和目的，不知为什么引起了他的注意。突然，他就像新兵跟随担任教练的下士官学习操练似的开始模仿起那个门卫的动作。门卫走到大门的正面，宛如士兵举枪似的把职务棒举了起来。这时，这位海关税务专员也举起手杖用两手抓着手杖的中部很严肃地致答礼。那位低级公务人员感到十分困惑，放平职务棒向右退一步，让这位海关税务专员走过去，同时放下职务棒，以示敬意。但斯密博士并没有往前走，而是走到相反的一边。把手杖放低到同样的角度。门卫惊慌失措，举起职务棒走上台阶，而《国富论》的作者也以相同的姿势举着手杖跟在后面，两眼紧盯着门卫的脚，门卫迈多大步子，他也迈多大步子。到达会议厅门口时，门卫再次向右退一步，用职务棒毕恭毕敬地敬礼。斯密也再次模仿他的动作以极严肃的态度回礼。走进会议厅后，束缚斯密的咒文才完全解除。向我讲述这件事的那个人，一直非常感兴趣地跟在斯密后面，但他费了好大劲儿才使斯密相信他刚才做了些奇异的举动。"

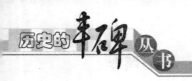

　　尽管有点可笑，他是作为一个人，斯密具有很高的修养和一些可贵的品质，他是当时有名的"苏格兰贤人"，"道德圣人和政治圣人"。凡是接触过斯密的人，都对斯密的正直、老实、认真、谦虚、仁慈、厚道、友善等方面的优良品质留下深刻的印象。在他们笔下描述的斯密，是这样一个人："斯密先生具有一如他的才能的谦虚"，"待人亲切是他的技巧"，"他是一个道德修养很高、注意实际的哲学家，他爽快、开朗，毫无常见于本国思想家的那种炫耀才学之处"，"虽然他由于公爵及总检察长的努力被任命为当地的海关专员，但仍然可以说是个老实人……"

　　作为一个学者，他不仅学识渊博，又有极为认真和科学的诚实态度；他善于利用别人的思想，又长于

亚当·斯密雕像

批判和独立思考；他有科学家和普通人的勇气，又有教授的稳健和条理。这位苏格兰人质朴而且不引人注目的性格，同他在科学上的巨大作用形成了令人惊奇的对照。这正如他在私生活方面的十分守本分的、守规矩的个性，同他在科学研究中的巨大的理论勇气形成鲜明的对照一样。

　　作为一个学者，斯密一辈子都和书打交道。据说，斯密一生有三大乐趣：即同母亲、朋友和书本在一起。斯密的一生，可以概括为这样的三部曲：读书、教书和写书。

亚当·斯密

相关链接
XIANGGUAN LIANJIE

格拉斯哥大学

　　格拉斯哥大学始建于1451年，是英语国家中第四古老的大学（前三名依次是牛津大学、剑桥大学和圣安德鲁斯大学）。同时也是最现代的大学之一。其学术活动至今长达6个世纪。

　　格拉斯哥大学在世界排名81，全英排名12，欧

→格拉斯哥大学校园美图

洲排名26。大学有18个专业排名前十，科目齐全，拥有100多个系。在苏格兰大学高等教育拨款委员会开展的教学质量评估活动中，格拉斯哥大学被认定为"英国的13所优秀大学之一"。

　　作为英国最古老、最有名气的全日制综合性大学之一，格拉斯哥大学的科研和教学在国际上享有盛誉，并在英国的文化和商业生活中发挥着举足轻重的作用。格拉斯哥大学，同时也是国际大学组织Universitas21的缔造者之一，以及英国大学集团罗素集团（Russell Group）的缔约成员。该集团有英国的常春藤联盟之称。

格拉斯哥大学的教学楼

求学时代

> 你一定注意到了，我只喜欢书，不喜欢其他任何东西。
>
> ——亚当·斯密
>
> 就天赋资质说，哲学家与街上挑夫的差异，比猛犬与猎狗的差异，比猎狗与长耳狗的差异，比长耳狗与牧畜家犬的差异，少得多。他们间的差异，看来是起因于习惯、风俗和教育，而不是起因于天性。
>
> ——亚当·斯密

亚当·斯密于 1723 年 6 月 5 日出生于苏格兰法夫郡的柯卡尔迪。他的父亲是一位海关官员，在斯密出生前几个月就去世了。在斯密的整个幼年和少年时代，一直与母亲相依为命，母亲始终是斯密生活的中心。在他长大成人并成为名人之后，仍可看到他时常回到母亲身边，与少年时代没有什么不同。他的朋友经常讲他对母亲怀着美好的眷恋和尊敬的感情。

斯密小时候是一个体弱多病的孩子，不爱和同伴玩耍。从孩提时代起，他就养成了独自出神和自言自

→苏格兰风光

语的习惯。关于他的幼年时代，只流传下来这样一件惊险的事情：他4岁时，一次在独自前往外祖父家的途中，被路过当地的一群吉卜赛人拐走，一时去向不明。事情发生后不久，一个绅士模样的人说，在前面几英里的路上看到一个吉卜赛女人抱着一个哭叫不停的孩子。寻找孩子的人们立即朝这个方向出动，追上了那个女人，女人看到追赶者，马上把抱着的孩子丢下逃走，斯密平安地回到母亲身边。

从记事开始，斯密就生活在柯卡尔迪。这个只有1500多人的小市镇成了斯密了解社会的最好观察所。这里有各色人物。在这样一个小天地里，斯密在与各色人物的交往中成长起来，其中有贵妇人、当时仍然

没有人身自由的穷矿工和制盐工、同波罗的海国家做交易的货主和海关官员。斯密爱听别人讲述流传的走私故事，小镇上的各类作坊也深深地吸引着斯密敏锐的目光。还有一两个制钉作坊，据说斯密小时候经常到那里去看工人干活，对分工最初的粗浅概念就是在那里产生的。不管实际情况怎样，斯密在后来的研究中，从这个他十分熟悉的特殊行业引用了分工的实例却是事实。而且，正是在柯卡尔迪，斯密发现制钉工人领取的工资是钉子，尔后，他们把这些钉子当做货币拿到商店去买东西。可以说正是这个小市镇给了斯密最初观察人性和研究社会的素材。斯密的思考材料主要来自两个方面：一是他的史学素养，二是他早年开始的人生观察。

随着年龄的增长，斯密逐渐长壮了，到了入学年龄，他进入了柯卡尔迪市立学校。这所学校，当时在苏格兰是第一流的中学，有最优秀的教师。在学校里，斯密是一个学习勤奋、喜欢读书、记忆力很强的引人注目的学生，他在拉丁语、古典文学、数学等方面获得了优异的成绩。

斯密14岁时进入格拉斯哥大学。这所苏格兰西部规模很小的大学拥有许多出类拔萃的教授（斯密后来也成为其中的一员），他们把学生从遥远的地方吸引过

→格拉斯哥大学

来，使校园里洋溢着理性的活力。格拉斯哥的学生的那种钻研精神和寻求广博知识的热情在其他大学里，是看不到的。不过，斯密之所以选择格拉斯哥大学，还有一个更有吸引力的原因：在这里，优秀的学生可以获得去牛津大学深造的奖学金，奖学金是从一位富有的慈善家的遗产中支付的。

　　斯密在格拉斯哥大学度过了3年，他学完了拉丁语、希腊语、伦理学、逻辑学等课程，还学了数学、文学和天文学，而且一直以在这些方面具有相当不错的知识而著名。斯密在同学中已经有了学者的名声，他能在人声嘈杂的场合忽然陷入沉思，或是忘掉周围的一切而自言自语，这种癖性保持了一生。1740年，

17岁的斯密顺利地完成了格拉斯哥大学的功课，获得奖学金去牛津大学深造。

1740年6月，斯密由苏格兰出发，骑着马前往牛津大学的巴利奥尔学院。他一越过苏格兰和英格兰的边界，就被英格兰富饶肥沃的土地和极其发达的农业惊呆了。那时整个苏格兰还没有农业，到处一片光秃，十分荒凉。同英格兰膘肥体壮的耕牛相比，苏格兰的家畜也显得瘦弱寒酸。后来，据说每当饭桌上出现大块的牛肉时，斯密就喜欢给大家讲这样一个故事：来到牛津的第一天，到饭厅吃饭，看到面前的饭桌上摆着在苏格兰从未见到过的大块牛肉，他出起神来，一时忘记了吃饭。正在出神，饭厅的服务员捅了他一下，

←格拉斯哥大学一角

请他赶快吃饭，他这才猛醒过来。

从1740年到1746年，斯密在牛津整整待了6年，在此期间，他从未离开过牛津。那么，他在这6年里都干了些什么？他只干了3件事：读书、读书，还是读书。

斯密在牛津上学的时候正好是学校教育的一大黑暗时期，整个18世纪牛津大学都处在这样一个黑暗时期。这所著名的大学在当时并不是以优秀的学术思想而著称，而是以保守、陈腐、反动和死气沉沉而闻名。如果在这一时期访问牛津大学就会发现，这里的教师同南洋的土人一样不懂得新哲学。据说那时课堂里也尽是"低劣的讲解"和"毫无意义的讨论"，丝毫不能

牛津大学

David Hume
A Treatise
of Human
Nature

← 休谟的《人性论》

满足青年的求知欲。1788年，一个外国旅游者记述了他参加的一次牛津公开讨论会：充当主席的提案辩护人和三个反对提案的人，都根本不发言，而只是专心阅读流行小说。在教员的公用室里，根本听不到教师谈论文学和科学方面的事情，他们"只是谈论大学杂务、托利党的内部斗争、个人轶事、私人丑闻等等"。

不仅学术上一无进展，而且反对学生接触进步的思想。教授和督学们密切注视着学生的阅读，不许他们阅读近代理性主义的著作。在这方面，流传着关于斯密的一件事情：有一天，斯密在读休谟的《人性论》，被人发现了。他受到学校当局的严厉训斥，书给没收了。但令人感到困惑不解的是：为什么斯密受到的惩罚如此轻微。发生这件事的前几年，曾有3个学生因为偷偷阅读自然神论的著作而被开除；另一个学生虽然被从轻处理，但也把授予他学位的时间推迟了两年，而且为了给他消毒，要求他在这两年中把一本宗教著作全部译成拉丁语。

斯密在牛津的生活是沉闷的，留给他的印象是不愉快的，想起这些就使他感到头痛。许多年以后，斯密在《国富论》中还激烈地指责当时牛津大学的状况。他说，这里的"教授，简直连表面上装做教师，也不装了"，而厌弃一切改革，不关心新的思想，终于使这个富裕而资金充足的大学变成了"为世界各地所不容的被推翻的体系和陈腐的偏见藏身并得到保护的避难所"。有人因此而声称斯密是忘恩负义之徒，这是不恰

牛津大学餐厅

当的。因为斯密的指责无疑是正确的。

　　尽管赶上了黑暗时期，斯密在牛津大学的6年岁月并没虚度。能够安心地读书，斯密对巴利奥尔学院也就满意了。实际上，巴利奥尔学院拥有一座在牛津大学数得上的最好的图书馆，这为斯密提供了良好的学习条件。斯密广泛而深入地阅读了许多学科和许多语言的大量书籍，没有让时间白白浪费掉。整整6年他都在读书和思考，这可以说是一种最好的教育。就这点来说，当时教师们懒惰散漫，无所用心，也许倒是件好事。

　　由于连续四五年读书过多，结果损害了斯密的健康。从1740—1746年间斯密写给他母亲的信件——每

一封信都洋溢着对母亲的热爱——中可以看到，斯密正为他所谓"根深蒂固的维生素C缺乏病和头颤症"而感到苦恼。1744年7月末，斯密在给母亲的信中说："久未通信，实深歉疚。我每天惦念着您，但总是稽延写信，总是到邮政马车快出发的时候才想起动笔。但每每又因为有事或有人来访而未能动笔，而懒于写信的时候更多。冷浸剂在此间极受欢迎，用它治任何病都有效，我多年来患的维生素C缺乏病和头颤症靠它已经完全治好了。您试用一次好吗？我想是会有效的。"可是，他在不久的另一封信里却说，"维生素C缺乏病和头颤症一直缠着他，服用冷浸剂也未能把病治好"。1743年11月29日他说："我刚从剧烈发作的怠

← 俯视牛津城

惰症中恢复过来。这次发作使我整整3个月没有离开扶手椅。"头颤症是使斯密终生苦恼的一种病,这显然是他在这一时期用功过度造成的。

斯密于1746年8月返回苏格兰,以后他似乎再也没有到牛津去。后来他担任格拉斯哥大学的教授时,曾充当格拉斯哥大学评议委员会和巴利奥尔学院评议委员会之间的联系人。在公事上偶尔同牛津大学有书信往来,除此之外,他同这所著名的大学似乎完全断绝了关系。而牛津大学方面也对他不感兴趣。就是在他成为当时在世的最伟大的牛津大学毕业生以后,这所大学也没有像往常那样授予他名誉博士学位。

←牛津大学图书馆

牛津大学

牛津大学（University of Oxford），建校于1167年。位于英国的牛津大学具有世界声誉，它在英国社会和高等教育系统中具有极其重要的地位，有着世界性的影响。英国和世界很多的青年学子们都以进牛津大学深造作为理想。

牛津大学校徽

　　牛津的研究力量雄厚,在其教师队伍中,就有83位皇家学会会员,125位英国科学院院士。在数学、计算机科学、物理、生物学、医学等领域,它都名列英国乃至世界前茅。近些年来,牛津不仅在文科而且在理科、不仅在基础科学而且在应用科学研究中都取得了举世瞩目的成就。在生物医学领域,自从弗雷明在伦敦发现青霉素后,20世纪40年代牛津的科学家弗罗里和蔡恩就将它投入临床应用,结果3人共享诺贝尔奖。今天用得最广的抗生素,1955年被牛津的爱德华·阿布拉罕发现。牛津也致力于将分子生物学应用于临床,将核磁共振原理应用于医疗诊断,在发现人体的免疫力系统和应用基因工程技术于临床问题方面,牛津亦起领导作用。该校在艾滋病毒、移植手术和遗传病研究等方面也很有潜力。1987年斯奎波父子公司赠予该校药学系2000万英镑,以支持他们的研究工作。

　　在环境科学领域,牛津的研究涉及森林史、气候变化、遥感、土地利用、野生动物保护、家畜管理、污染、腐蚀、沙漠侵犯等众多课题。

　　牛津的固体物理、高磁学、激光研究、基本粒子研究和大气物理学等均在世界上占领先地位。物理系的克拉伦登实验室在世界核研究领域中起着特殊的作用。基础研究还导向重要的工业开发，包括建立了如牛津仪器公司和牛津激光公司之类的企业。

仅在化学系，牛津目前就拥有4位诺贝尔奖得主。该校在蛋白质、新型无机材料合成、分子的计算机辅助设计等方面都有重大成果问世，并在化工、医药、微电子工业等领域推广应用。

牛津大学校门

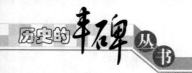
叹 息 桥

　　剑桥大学的叹息桥是建立在剑河上，徐志摩的《再别康桥》写的应该就是这座桥；而牛津的叹息桥就是两座房子的走廊，跨架在街道之上。叹息桥的来历没有官方和正史的记载，相传牛津大学和剑桥大学的毕业考试很严格，平时不努力学习的学生，考试通不过，拿不到文凭，往往来到这里叹息、流泪，后悔莫及。因此，校方把它定名为叹息桥，以此来警示学生要勤奋学习，不可懈怠；也有人说，

剑桥大学的叹息桥

之所以叫叹息桥，是因为校方总是让犯了错误的学生来到这里兀立反省，作为一种惩罚，学生反省之后，往往叹息，悔不当初。也有人说，只因为这两所学府里的学子们，感情上的失意、考试后的遗憾均在"叹息桥"上感慨。但这些只是传说，无从考证。

意大利的叹息桥

教书生涯

> 大学不能不对斯密博士辞去职深表遗憾。他以不同凡俗的正直、和蔼可亲的品质赢得了同事们的尊敬和爱戴；他非凡的天赋、卓越的才能和真诚地传授有益知识的孜孜不倦精神，使他成了杰出的教授，给予了他所教导的青年最大的满足和极其重要的教育。
>
> ——格拉斯哥大学评议委员会
> 在接受斯密辞职时的评语

　　1746年夏，23岁的斯密回到柯卡尔迪，待在母亲的身边，开始寻找工作。他想要么在苏格兰的某一大学谋得教授职位；要么给一位富有的年轻贵族当私人教师，陪他去各处旅行。但是，没有人聘请他当私人教师，也许是因为他有爱独自出神的毛病，而且说话自由随便。在一般做父母的眼里，把血气方刚、粗鲁莽撞的年轻人委托给这样的人照顾，是非常不合适的。因而整整两年，斯密待在家中，没有固定的工作。

　　爱丁堡之行为斯密带来了收获，给他的人生之路打下了良好的开端。在这里，他认识了法律界的一位头面人物，后者对斯密的博才多学极为推崇，终于使斯密成为爱丁堡大学的讲师，开设了英国文学这门当时还很少有人讲的课程。正如斯密的一些朋友认为的那样，斯密天生是教书的材料。斯密的讲座非常成功，以至于1750年格拉斯哥大学的逻辑学教授劳登先生去世后，母校自然而然地想到了她引以为荣的学生，斯密受聘继任这一职务，不久，他受聘担任更为重要的道德哲学讲座教授。于是斯密开始了他13年的大学教书生涯。在缅怀往事时，斯密认为这13年是他一生中"收获最大，因而也是过得最愉快、最体面的一段时期"。他生活在亲朋好友中间，赢得了教授、学生和知

→爱丁堡街景

←爱丁堡早期建筑

名人士的尊重。他可以毫无妨碍地从事他所期望的科学工作。在他周围有许多朋友，他开始有了不列颠单身汉和"俱乐部人"的特点，这个特点保持了一生。

讲授道德哲学，使斯密科学兴趣的方向有了显著的变化，他对政治经济学已有了相当深入的钻研。斯密把道德哲学这门课分作四个部分：第一部分是自然神学；第二部分严格地讲是伦理学，其主要内容是他后来发表在《道德情操论》中的一些学说；第三部分是与正义有关的那部分道德学；最后一部分就是经济学。

促进斯密转而研究政治经济学的，不仅是内心的爱好，而且是时代的要求。在工商业城市格拉斯哥，经济问题已经特别深入人心。成立了专门的政治经济学俱乐部，讨论贸易和关税，工资和银行事务，土地租赁条件以及殖民地问题等等。斯密很快就成了这个俱乐部的著名成员之一，同大卫·休谟的结识和友谊也是使斯密转向政治经济学的一个因素。

19世纪末，英国经济学家爱德华·坎南发现了表明斯密的思想发展的重要材料，即一位格拉斯哥大学毕业生所做的听斯密讲课的笔记。这些笔记是在1762—1763年记的，从中可以明显看出，斯密向学生们讲授的道德哲学，这时实际上已变成了社会学和政治经济学。他在那里发表了一系列值得注意的唯物主义思想。例如，他说："在财产权还没有建立以前，不可能有什么政府。政府的目的在于保障财产，保护富者不受贫

格拉斯哥街景

者侵犯。"在笔记的经济篇中，人们可以很容易地看出后来在《国富论》中得到发展的思想萌芽。

所有听到斯密讲课的学生都对斯密怀有深深的感激之情，这使他们受益匪浅。一位学生说："凡受教于斯密博士的人，都能愉快地回想起斯密脱离正题发表的议论和举出的许多生动的实例。他的议论和实例妙趣横生，毫无矫揉造作之感，既有深刻的寓意，又有很强的批判性。"如果读过《国富论》，你就会发现，这位学生的评价是多么的中肯。

另一位学生对斯密讲课的特点做了如下描述："最好发挥斯密先生才能的工作，也许就是教书。他讲课时，完全是靠即席发挥自己的口才。举止虽然说不上优雅，但是很平易，不矫揉造作。由于他总是抱着很大的热情讲课，所以学生总是听得很有兴趣。开头总是有点脱离主题，说话也有些结巴。但是，越往下讲，他的情绪越热烈，越激昂，口齿也越清楚，越流利。在有不同看法的地方，你可以感觉到他暗中为自己树立了对立面，为了证明自己的观点，倾注全力激烈地加以论证。通过列举各式各样的实例，而不是令人厌烦地重复某些观点，要说明的问题在他手里逐渐展开，学生的注意力被他紧紧地抓住了。他论证问题的方法是先旁征博引，从各个侧面举例提供佐证，然后再一

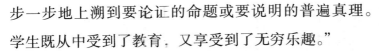

步一步地上溯到要论证的命题或要说明的普遍真理。学生既从中受到了教育，又享受到了无穷乐趣。"

斯密本人也说，他讲课时比其他大多数教授更加重视听讲者的反应。他有时从课堂上挑出一个表情特别丰富的学生，来判断自己讲课的效果。他说："有个学期，发现一个学生很富于表情，对判断讲课的效果起了很大作用。他坐在柱子前面，很显眼，我经常注意他。如果他把身体向前靠，伸长了耳朵，就可以知道一切都很合适，全班同学一定都在注意听讲。若是这个学生的身体向右靠，显出不怎么注意的样子，那就是课讲得不好，得赶紧改变题目或讲话方式。"

在《国富论》中，斯密用这样一段来描述教师应该具备的心理，这也许是他本人心理的真实写照："如果教师是一个有理性的人，当他自己意识到，他向学生讲的，都是一些无意义或近似无意义的话，他一定会感到不快。此外，当他看到学生大部分对于他的授课，不来听讲，或来听讲而明显地表示轻蔑、嘲弄态度，他也一定会感到不快。因此，如果他必须做一定次数的演讲，纵无其他利益，他亦必为了这些心理而苦苦耐耐地求其相当完善。"

斯密作为任课老师的声望逐年提高，斯密的主张成了人们议论的对象，他讲课的题目在这个城镇风行一时，富人子弟虽然不打算学完大学课程，但却为了听他讲课而上大学；书店的橱窗里摆着他的半身雕塑像，人们竞相学他说话的声调；许多人从俄国、法国远道而来，为的是"在斯密先生的门下学习"，为的是"仿效古人，能同斯密和米勒一起漫步在格拉斯哥大学的走廊上，沉浸在法学和哲学的各项原理之中"。1764年斯密离开格拉斯哥大学，他的继任者发现，格拉斯哥的青年人充满了伟大的探求精神，这正是表明斯密的教学效果的最好证据。青年人在斯密的影响下学会了思考问题。

一般都误认为斯密在事务性工作上像小孩儿一样无能。在爱丁堡，住在他家附近的一个人对另一个人

←格拉斯哥大学的走廊

说起斯密：奇怪的是，他能那么出色地论述如何做买卖，但在给自己的马购买饲料时，却要朋友帮忙。人们认为他无力处理日常生活琐事，是因为看到他有时爱独自出神，看到他在许多事情上表现得很单纯。但谁也不能否认，这种单纯并没有妨碍他具有敏锐的眼光和精明的办事能力，而且他也不像一般认为的那样，经常独自出神，或一出神就出很长时间。

在格拉斯哥大学的13年间，斯密为学校干的大大小小的行政事务比其他任何教授都多，大学评议委员会中的同事们并没有发觉他处理日常事务不在行。他们放心地让他分担该委员会的日常事务工作，让他检查会计工作，查看大学校园的排水情况，查看学校花园内的灌木丛是否已被清除，还让他调查该大学的土地被人侵占的情况。从1758年到1764年离开格拉斯哥大学为止，斯密一直担任学校的财务主管，掌管图书馆基金及其他基金。斯密还是两个校舍管事中的一个，管理校内的40栋学生宿舍。1760年至1762年，他担任教务长职务，1762年，他又担任了副校长这一重要职务。由于格拉斯哥大学校长米勒爵士同时又是苏格兰总检察长，在伦敦和爱丁堡都有公务，不在格拉斯哥的时候居多，所以斯密实际上成了学校的主管。如果斯密办事能力很差，如果斯密工作马马虎虎，或者缺

→格拉斯哥大学的瓦特楼

乏扎扎实实的工作习惯，同事们是不会推选他担当如此重要的职务的。

值得一提的是，斯密及其格拉斯哥大学对蒸汽机发明者瓦特的事业的支持。1756年，瓦特是个20多岁的小伙子，从伦敦来到格拉斯哥，想以制作制图仪器为生。但是，格拉斯哥的同业公会不准瓦特在市内开办工场，理由是他不是该市市民的儿子，没有同这里的女子结婚，又没有拜过这里的师傅。格拉斯哥大学的教授由于在大学校园内享有绝对独立的权利，他们及时而热情地接待了瓦特，让他担任了该大学的制图仪器制造者，并在校园内为他修建了一个车间。在这个车间里，瓦特修理纽克曼的蒸汽机时产生了一连串想法。终于，在1764年的那个值得纪念的早晨，当他在校内花园里散步走过洗衣房时，突然想到，为什么不单独制造冷凝装置呢？

这个突如其来的灵感，引出了一个伟大的蒸汽机时代。

虽然格拉斯哥大学的档案材料没有提到斯密在这件事上发挥了什么特殊作用，但是斯密肯定积极地支持了瓦特的事业。因为我们知道，斯密一直坚决反对

→蒸汽机

同业公会用它的规章压迫别人。斯密说："劳动所有权是一切其他所有权的主要基础，所以，这种所有权是最神圣不可侵犯的。一个穷人所有的世袭财产，就是他的体力与技巧。不让他以他认为正当的方式，在不侵害他邻人的条件下，使用他们的体力与技巧，那明显的是侵犯这最神圣的财产。显然，那不但侵害这劳动者的正当自由，而且还侵害劳动雇用者的正当自由。"斯密在格拉斯哥大学期间，喜欢出入瓦特的车间，因为瓦特虽然年轻，但谈吐不凡，富有创见，对周围有才学的人有很大的吸引力。而瓦特对斯密也总是抱有深深的敬意。1809年，他在以新发明的雕刻机欢度余生的时候，曾将机器刻出的作品赠给友人，说这是"年方83的年轻艺术家的作品"。他用这个机器完成的一个最早的作品，是亚当·斯密的小型象牙头像。

虽然斯密早就享有著名学者的名望，最早使他成为欧洲第一流思想家的，是1759年他的第一部专著《道德情操论》的出版。这本书的主要内容来自《道德哲学》讲座的第二部分。这本书所研究的是对事物的道德上的认可和非难这种观念的根源。人是抱有自私观念的动物，那么，他是怎么会对事物做出道德上的判断的呢？斯密认为答案是，我们具有一种能力，能

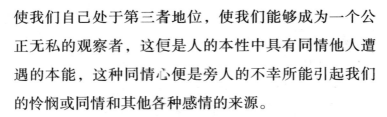

使我们自己处于第三者地位，使我们能够成为一个公正无私的观察者，这便是人的本性中具有同情他人遭遇的本能，这种同情心便是旁人的不幸所能引起我们的怜悯或同情和其他各种感情的来源。

这本书刚一出版就赢得了好评，书中新颖的见解、强有力的论证和丰富而有说服力的例证得到了普遍的承认和赞扬。在德国，"亚当·斯密的问题"成为人们最喜欢讨论的问题。斯密的思想无疑是阐述得十分精彩，可是它不可能成为科学的道德观的基础，显然只有像斯密这样的道德圣人才具有强烈地同情旁人不幸的同情之心。《道德情操论》没有越过18世纪，它也未能使斯密的名字永垂青史，倒是《国富论》作者的声望才使《道德情操论》未被人遗忘。

在我们看来，更加重要的是，《道德情操论》受到了一个上层人物的赞扬，这位大人物认为斯密是他儿子最合适的家庭教师，并且决定聘请斯密。他就是英国财政大臣汤申德。

相关链接
XIANGGUAN LIANJIE

瓦 特

我们现在的动力设备，比如汽车、当年的蒸汽火车、轮船、飞机，所有的这些，都源于一个人的发明贡献，他就是瓦特。

瓦特是世界公认的蒸汽机发明家。瓦特改进、发明的蒸汽机，对近代科学和生产有着巨大的贡献，他导致了第一次产业技术革命的兴起，极大地推进了社会的发达程度。

1736年，瓦特出生在英国苏格兰的一个小镇格里诺克，他的父亲是一个经验丰富的木匠，祖父和叔父都是机械工匠。少年的瓦特，由于家境贫苦、体弱多病，没有受过完整的教育。他曾经就读于格里诺克的文法学校，数学成绩特别优秀，但没有毕业就退学了。但他在父母的教导下，一直坚持自学，很早就对物理和数学产生了爱好。瓦特从六岁开始学习几何，到15岁时就学完了《物理学原理》等书籍。他经常自己动手修理和制作起重机、滑车和一些航海器械。

1753年，瓦特到格拉斯哥市当徒工。由于收入过低不能维持生活，第二年他又到伦敦的一家仪表修理厂当徒工。凭借勤奋好学，他很快学会了制造那些难度较高的仪器。但是繁重的劳动和艰苦的生活损害了他的健康，一年后，他不得不回家休养。一年的学徒生活使他饱尝辛酸，也使他练就了精湛的手艺，培养了坚韧的个性。

瓦特雕塑

家庭教师

> 毫无疑义，如果斯密一生不离开格拉斯哥，他也能写出一些具有永久价值的著作。不过，不言自明，这些著作将不同于现在留给我们的。
>
> ——约翰·雷

当时的英国上层社会对子弟进行教育时，其方式主要是进行一次大旅游，同有才能的家庭教师一起出国几年代替大学教育，认为在欧洲大学作做一次逗留，可以使子弟的举止臻于文雅，而充当贵族子弟家庭教师的，往往都是著名的学者和大学教授。聘请这样的人担任家庭教师，无疑可以衬托其贵族子弟的"高贵"，提高他们的身价。而对学者们来说，丰厚的年薪无疑是接受私人教师职务的主要动机。

汤申德认为亚当·斯密博士是小公爵旅游时的理想伴侣，决定给斯密年薪300英镑，外加出国旅游时的费用以及终身养老金每年300英镑。这是难以拒绝的一个再好没有的建议。那时，教授是直接从他的学生那收取听课费的，像斯密这样的有众多学生选他的课的受欢迎的教授，所获得的年收入至多也不会超过170英镑，而且退休以后没有其他的收入来源。斯密接受了做家庭教师的聘请，这不仅免去了晚年为经济问题的苦恼，而且对后世来说，更重要的是，正是在此期间，斯密更加深沉地研究政治经济学，并且萌生出要写一部伟大的经济学著做的想法。

斯密辞去了格拉斯哥大学《道德哲学》讲座教授的职务，但是同他的学生们的离别却不是一件简单的事情。斯密是在课程讲完以前离开学校的，为了将学生所交的听课费全部退还给他们，斯密费了很大的周折。关于这个令人感动的场面，有这样一段记载："他结束最后一堂课以后，在讲座上公开宣布现在向听众最后告别，同时，在说明他为了他们的利益所做的力所能及的安排以后，他从口袋里掏出分装在小纸包里的学生们的听课费，开始指名召唤每个学生，并将钱交给他叫去的第一个学生。这个年轻人怎么也不肯接受，声称自己得到的教导和满足已远远多于他所能报答或酬谢的，教室里的全体学生高声响应。但斯密坚持把钱退给大家，在激动地对他的年轻朋友表示的敬意表达了他的感激和炽热的心情以后，他告诉他们，这是他已经决定了的事情，如果不按他认为正确和恰当的方式去办，他的心就无法平静。'你们不能不让我得到这种满足；不，看在上帝的分上，你们不要那样。'说着，他抓住站在他身边的青年的上衣，把钱塞进他的口袋，然后把他推开。其他学生看到再坚持也没有用，只好依了他。"

这位家庭教师和小公爵于1764年离英赴法。他们在图卢兹（法国南部的一个城市）呆了18个月。这一对伴侣一大一小，再加上斯密欠高明的法语，使他回想起在格拉斯哥的安静生活。1764年7月5日，在给老朋友休谟的一封信中，斯密这样写道："我在格拉斯哥的生活比目前在这里的生活轻松愉快。为了消磨时光，我已经开始写一本书。您可以相信，我简直无所事

← 图卢兹街景

→伏尔泰

事。"为了避免虚度时光,斯密开始写作关于政治经济学的书。关于这一题材,他曾在格拉斯哥做过讲演,曾经在政治经济学俱乐部的许多晚上展开辩论,曾同他的挚友休谟详细地进行过讨论。这就是《国富论》的雏形。但此书的最后完成,还是在12年之后的事。

然后他们又向南走,在那里斯密遇到了他所崇拜的伏尔泰。斯密对伏尔泰极为崇敬,在谈到伏尔泰的时候,他总是怀着真诚的心情。当塞缪尔·罗杰斯将

伏尔泰坐像

某个很机敏然而浅薄的作家说成是"一个伏尔泰"时，斯密很使劲地拍着桌子，对罗杰斯说："先生，伏尔泰只有一个！"有一天斯密让一位朋友看他房间里的伏尔泰的精致胸像，并说："理性受赐于他之处不可估量。通过他给予一切教派的狂信者和异教徒的大量嘲笑和讽刺，才有可能使人类的知性产生真理之光。他对人类的贡献，远远大于那些板着脸的哲学家，后者写的书只有极少数人读，而伏尔泰的书是为一切人写的，一切人都在读。"告别伏尔泰，斯密师生又到了日内瓦，最后到了巴黎。他在巴黎的处境比以前有所改善。这时他的法语虽然还是说得很糟，但是已经足够使他和法国第一流的经济思想家展开详尽的讨论。这对于斯密经济思想的最终形成，是非常重要的，因为在18世纪下半叶，没有一个国家像法国那样有那么多在经济方面的重要而又饶有兴趣的问题需要人们研究，正如伏尔泰说的那样，一个把诗歌、喜剧、悲剧、小说、道德观念和神道学说读腻了的国家，到头来还是讨论了面包问题。

当时的法国还是一个封建、专制的落后的农业国家，农民是支撑这个国家的双足，但是这个双足在残酷的压榨下已经疲惫不堪了。农民要向地主交纳地租，负担各种各样的封建义务，还要向教会交纳什一税，

凡尔赛宫

供养为数众多的牧师们和君主的军队。据一位统计学者计算，农民从田间所收到的每四束谷物中间，有一束是领主的，另一束是僧侣或近邻的修道院的，第三束是用以支付捐税的，第四束是用以补偿生产费的。另一位著作家写道："我们的乡村居民在惊人的贫困境况中生活着：他们没有床，没有家具，大半在一年之中有半年只吃一些大麦和燕麦，这些东西是他们唯一的食料，但他们还不得不从自己和自己儿女的口中节省一部分出来支付捐税。"

实际上，农民是唯一的捐税交纳者，贵族和宗教界不交税，而城市资产阶级虽然相对软弱，却能够成功地逃脱捐税。无休止的战争，凡尔赛宫穷奢极欲的挥霍，以及靠牺牲农业发展工商业的政策等等，就好比压垮驼峰的最后一根稻草，使这个双足再也负担不了本来已经不堪重负的压力，它彻底垮了下来。第一张多米诺骨牌被推倒了，"农民贫困，王国就贫困；王国贫困，国王就贫困"。著名的政治和经济著作家沃邦元帅在1707年写道，全体居民的1/10是贫困的，5/10处于贫困的边缘，3/10处境窘迫，只有1/10生活较好，其中，生活豪华奢侈者也就是千把人。农民的破产——国内市场萎缩——工商业凋零——经济危机——财政危机——加重赋税……这种连锁式多米诺效应最终导致攻占巴士底监狱和国王被推上断头台。总之，这是法国资产阶级大革命的前夜，一切头脑敏锐的人包括斯密这样冷静的观察家都已经预感到：一场革命的暴风雨就要来临！

在这一时期，法国的思想界异常活跃。没有必要谈论法国近代启蒙主义思想家，当时的法国有一大批才能出众、学识渊博的经济思想家，他们聚集在一个杰出的领袖的周围，组成一个真正的学术团体，出版他们自己的著述，并向世界鼓吹自己的学说。对于一般读者，可以用一句话来说明这个学派，即他们是理论经济学家，同时又是爱国者、社会和政治的实际改革家。他们认为，当代的弊病是大贵族、金融家、赋税包征者和独占经营者非常富裕，而农民——人民的最大部分——则沦于绝望的贫困的深渊。这是因为，由于什一税、沉重的军事税，赋税包征者的敲诈、高额地租等一切开支，使农业纯产品即支付一切费用后留在耕作者手中的东西逐年减少。而农民的破产意味着国家的没落。拯救办法是显而易见的：必须尊重农业，必须设法使农业纯产品由减少转为增多。他们十分赞扬古希腊哲学家色诺芬的话："农业是其他技艺的母亲和保姆，因为农业繁荣的时候，其他一切技艺也都兴旺；但在土地不得不荒废下来的时候，无论是从事水上工作或非水上工作的人的其他技艺也都将处于垂危的境地了。"他们也说过类似的话："国家为树木，农业为根，人口为干，艺术和商业为叶。根由土地吸收滋养，予树木以生气。树木上最清新的叶，即是耐久力最弱的东西，一经暴风雨，就要残毁的。但在根的精力未竭的限内，它还能再繁茂起来。设根为害虫所侵，则叶枯而干萎，待阳光没有用处，待雨露亦没有用处，求其恢复，否则树木行将枯死。"他们十分推崇亨利四世（16世纪末至17世纪初法国的君主）和他的大臣苏里，因为亨利四世说过这样一句话："我愿意每逢星期日，每一个农民在他的锅中有一块鸡肉吃。"苏里大臣说："农业和畜牧业是国家的两个乳头，它们完全可以代替秘鲁的矿山。"为了尊重农业，他们制造了一个偏颇的理论基础：只有农业才创造财富，而工业和其他生产活动都是不生产的，或"不结果实的"。正是因为这一点，斯密把这一学派起名叫作"重农主义"。

重农主义的思想家都是"温顺和守法的，这些人思想丰富，身居要职，精明能干"，但他们的思想和改

←亨利四世

←凡尔赛宫近景

革活动却完全是革命性的，是"法国革命的直接先导之一"。下面的事情最能说明重农学派的"封建性"和"革命性"：一天，两位重农学派经济学家——米拉波和利未尔——在凡尔赛宫廷御医的寓所里谈话，他们谈话的内容给一个宫廷侍女听到了，她怎么也忘不了他们说的话。米拉波说："国家处境悲惨，既缺乏活力，也没有足够的金钱。"利未尔说："是啊，如果不去征服中国那样的国家，或者国内不发生大动乱，这个国家就不可能获得新生，但这种情况将使身历其境的人们遭受灾难，因为法国人民干事情不会半途而废。"这个宫廷侍女听到这番话，浑身发抖，慌忙逃出房间。当时也在场的国王的情妇的哥哥跟了出来，告诉她不用害怕，因为他们有点爱发空想，但为人都很

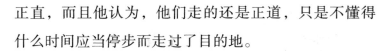

正直，而且他认为，他们走的还是正道，只是不懂得什么时间应当停步而走过了目的地。

值得一书的是这个学派的领袖弗朗斯瓦·魁奈。他是路易十五情妇朋巴多尔侯爵夫人的私人医生，又是路易十五本人的御医之一，他知道国家的和隐私的许多秘密，但他善于保持沉默。这个农民的儿子，是靠自学成为远近最有声望的医生的，但他的质朴和谦虚，以及主张的学说，都说明他永远是农民的儿子。当他的儿子被委以赋税包征者的职务时，魁奈说："不，还是让我的孩子们的幸福同公共的繁荣联系在一起吧。"他不让儿子担任这个职务，而让他当了农民。

行医是魁奈的主要职业。通过职业桥梁，他从医疗转向了政治经济学。人类有机体和社会，人体新陈代谢和社会中的产品沆通，血液循环和货币交换。这种生理学上的相似引起了魁奈的思考。他设计了一种关于经济的图表，叫作《经济表》。这个《经济表》所显示的确实是一个医生的见解，他坚决认为财富是由农业生产而来的，财富从这个阶级转到那个阶级，在全国流通，使整个社会获得不断补充，就像血液的循环那样。这个《经济表》只有5条线，联结着6个出发点和归宿点，用如此简单的形式表达了如此深邃的思想，这真是极有天才的创造，而且这个天才的思想是

←魁奈

在政治经济学的幼年时期创造的。《经济表》产生了很大的影响。有人把它与文字和货币的发明说成人类文明史上的三个最伟大的发明。

魁奈的思想和个人的魅力，自然使他成为重农学派的领袖。斯密后来在《国富论》中这样写道："这整个学派，对于他们的大师的称扬，不下于古代任何哲学学派对其创立者的称扬。不过，这学派的大师自己倒是非常谦虚、非常朴质的。"斯密对这位法国医生非常崇敬，以致曾打算，如果《国富论》出版时魁奈还在世，便把该书献给这位令人尊敬的法国经济学家。

宫廷御医的寓所成了经济学家们聚会的地点，在他那里经常有学生和志同道合者，也有持不同意见者。路易十五本人有时也踱到那里，倾听他经济学方面的议论，并称他为"朕的思想家"。在经济学家的小型集会上经常见到斯密，他们只是把他当作一个贤明而坦率的人，仅此而已。马芒特给我们留下了关于在魁奈的寓所聚会的生动描述。他写道："尽管魁奈的楼下进行着热烈而激动的讨论，魁奈却平静地进行农业经济理论方面的研究和计算，对宫廷中的变动漠不关心，好像他远离宫廷千里之外。他们在楼下讨论战争与和平，议论将军的任用和大臣的任免，我们则在楼上议论农业和纯产品问题，有时在聚餐时交谈，参加者有狄德罗、达兰贝尔、杜克洛、爱尔维修、杜尔阁和布芬等人。"

斯密同这些人交往甚密，他们每天谈论的都是经济思想和观点，使斯密经常得到新颖的对比和思考的材料，这无疑会使斯密本来就有的经济思想和观点成熟起来。斯密不能接受重农学派信徒的农业偏见，这也许是因为他生长在商业繁荣的国家，而不是农作物遍布的法国的缘故。但他对这一学派的缺点却抱有非常宽容的态度，他说："这一学说虽有许多缺点，但在政治经济学这个题目下发表的许多学说中，要以这一

学说最接近于真理。"他又说，这一学说虽有谬误，但它是"一种未曾、也许永远不会危害世界上任何地方的学说"。在《国富论》中，重农主义经济学对斯密的影响，处处可见，甚至是重农偏见。斯密认为，农业创造的生产物的价值是最大的，因为牛也是"生产性劳动者"。

更重要的是，斯密批判地吸取了重农主义学说的本质的东西，补充了自己的学说中的不足部分，使他的思想更丰满了。马克思说，重农主义是第一个对资本主义生产方式做系统解释的学说。在没接触重农主义者以前，斯密和重农主义在许多观点上就十分一致，但是重农主义关于生产剩余的观点、关于资本的理论和对社会阶级结构的划分、关于社会纯产品的血液循环图等等，是斯密以前没有考虑过或尚欠考虑的。斯密抛弃这一学说的缺点，吸收了它关于资本主义生产关系的深刻理解。可以说，没有斯密与重农主义者的接触，就没有他的《国富论》。

一部伟大著作的写作计划已经酝酿成熟了，但把它写出来是需要时间的。斯密虽然在法国过得很愉快，但是他却归心似箭，盼望着家庭教师任届期满回国，他在给朋友的一封信中表达了这种心情："虽然我在这里过得很愉快，但我仍热望同旧友团聚，一旦我果真

巴黎街景

渡海归国，就无意再渡海来此。"他翘首以待的归国的日子比他的预期为早地到来了，但是很不幸，它带着乌云。1766年，斯密学生小公爵的兄弟（后来他也加入了他们的旅游团体）在巴黎街道上被人杀害，于是这次旅游即告中止。小公爵回到了他的庄园，斯密则先到伦敦，然后回到他的故乡。在此后10年的大部分时间他就待在那里，他那部伟大著作在此时期逐步地走向具体化。

相关链接
XIANGGUAN LIANJIE

什一税

什一税是源起于旧约时代，由欧洲基督教会向居民征收的一种主要用于神职人员薪俸和教堂日常经费以及赈济的宗教捐税，这种捐税要求信徒要按照教会当局的规定或法律的要求，捐纳本人收入的十分之一供宗教事业之用。由征收什一税而建立的制度亦称什一税制，简称什一税。

魁 奈

魁奈（1694-1774）法国资产阶级古典经济学家，重农主义学派的创始人和领袖。出身于地主家庭。长期行医。1744年获法学博士学位。1749年任路易十五的宫廷医师。魁奈提出"纯产品学说"，并以此为基础，研究了社会总资本的再生产与流通。他认为，财富就是物质，就是使用价值，工业只能改变财富的形态，不能增加财富的数量，只有农业才能使财富增加。农业中生产的农产品除去种子（生产资料）和工资（生活资料）剩下的产品是纯产品。能生产纯产品的农业是生产的，从事农业的人为生产阶级，而工商业不能生产纯产品，因而是不生产的，从事工商业的人是不生产阶级。农业之所以生产纯产品是因为自然力参加了工作。他设计了经济表，说明社会资本如何在三个阶级（生产阶级、不生产阶级、地主阶级）间生产和流通，其中还把资本区分为原预付（开办时的基本投资）和年预付（每年支付的投资）。他的《经济表》是他整个经济理论体系的完成和体现，他把社会资本的生产表现为再生产过程，把流通过程表现为再生产过程的要素，把货币仅看作流通手段，考察了各阶级收入的来源、资本与收入的交换、商品与货币的交换、生产消费与生活消费的关系等。《经济表》中有一些错误和缺点，但表现了他的最富创见和最有天才的思想。著有《租地农场主论》《谷物论》《人口论》《赋税论》《经济表》等。

←魁奈

《国富论》

从最终效果来看，这也许是迄今最重要的书，它对人类幸福做出的贡献超过了所有名垂青史的政治家和立法家做出的贡献的总和。

——巴克尔

世上还没有出现过比这更重要的著作，此书一旦被人较好地理解，将产生自《新约全书》以来比任何其他书都更有益的影响。

——克劳斯

1769年春，斯密和他的母亲回到柯卡尔迪，在那里生活了11年。休谟认为乡下对做学问的人不合适，千方百计想说服斯密到爱丁堡来，但没有成功。与休谟不同，热闹而充实的都市生活，对斯密来说并不那么重要。相反的，他认为自己出生的小城镇有使他心满意足的东西。在这里，既有工作，母亲又在身边。既有书，每天又能在海上微风的吹拂下愉快地散步。爱丁堡近在咫尺，随时都能去。然而，斯密的主要兴趣还在于他的工作。

← 亚当·斯密的故乡——柯卡尔迪

　　在柯卡尔迪住下来几周以后，斯密在给休谟的信中写道："我在本地的工作就是研究，这一个月，我废寝忘食地埋头从事研究。我的乐趣是一个人在海边漫步。您大约知道我是怎样消磨时间的！不管怎么样，我是非常幸福、愉快和心满意足的。我简直感到这种情况是我一生中所从来没有过的。"

　　斯密所说的研究就是写作《国富论》。这部著作大部分是他口述的，因为斯密写字的速度很慢，很费劲。据说斯密有站着构思，然后口述给记录者的习惯，口述时他惯于倚在壁炉边。他时常神经紧张地揉着他紧靠在墙上的头，他的头发按当时风习梳得很亮，以致墙上被他的润发油染上一块油迹。据说，这个痕迹在1827年粉刷房间时还保留着。

→休谟

斯密的刻苦和孤独使他的健康明显地受到很大的损害，而由于毫无娱乐，终日沉思和钻研问题又使斯密犯了独自出神的老毛病。据说，斯密由于埋头于写作，几夜未眠，一时无法从过于深入的思考中解脱出来。一个星期天的早晨，他穿着睡衣走出房间到花园散步，但一来到花园便走上了通向大路的小道，接着走上了大路，在沉思冥想中一直走了15英里，教堂的钟声好不容易把这位穿着睡衣的哲学家从苦思冥想中

惊醒过来。

　　1773年春天，斯密完成了《国富论》的初稿，便携带原稿出发去伦敦，准备对原稿稍稍加工润饰后便交给出版商（这又用了3年的时间）。但是因为过度劳累，身体和精神都非常衰弱，所以他担心书没有印出来的时候自己便会死去，甚至担心会突然死去。因此，斯密在出发之前给休谟写了一封信，指定他为遗稿的管理人。斯密在信中写道："因为我的原稿的处理全部委托给您，除了我随身携带的原稿外，剩下的都没有出版价值，……我希望您把它们毁掉。如果我不是突然死去，我将一定让人把我随身带的原稿寄给你。"的确，斯密为《国富论》倾注了全部心血，他在给朋友

伦敦美景

的一封信中说："《国富论》是我倾一生之力作。"正如有人说，生命最长的书是在母体内孕育时间最长的书，这本书的写作花费了12年，在写作前还几乎用了长达12年的时间构思。

《国富论》终于在1776年3月9日出版了。那么，这是怎样的一部著作呢？

严格说来，它并不是"有独到之见"的著作。在斯密之前，有一大批观察者——洛克、斯图亚特、劳·孟德维尔、配第·坎替龙，更不用说魁奈和休谟了，他们所看到的世界也近似于斯密所看到的世界。斯密从他们那里都有所吸取，在他的著作中提到的作者有百人以上。但是别人只是在这里钓几条鱼，那里捕几只虾，而斯密的网却张得很大；别人所澄清的只是这一点或那一点，而斯密所说明的却是全景。《国富论》并不具有纯粹的独创性，但无疑是一部名作，一部杰作。

首先要说明的是，这部书所表现的是一幅巨大的全景。一开头就是著名的一段制针业在工作上的细致分工的描绘。由此牵涉到种种问题，如"美洲殖民地新近发生的扰乱"、牛津大学中学生生活的虚度光阴，以及1771年以来关于捕捉鲱鱼的统计数字。这部书的内容是非常丰富的。这是在运用一个写百科全书的头

← 美丽的爱丁堡

脑来进行思考的情况下写成的，但是不含有像百科全书那样有条不紊的精密性。对像斯密那样伟大的天才来说，政治经济学是一门几乎无所不包的社会科学，所以他在其著作中实际上囊括了那个时代的大量知识，如殖民地和大学，军事和银行，经济理论和历史，政府和财政，宗教和农业，白银的采掘和走私等等。就斯密见解之敏锐和知识广博而言，我们只能加以赞叹。只有18世纪，才能写出这样浩瀚而又深刻的作品。

从结构上看，这是一部读起来要使人恼火的书。可以用简括的一句话来表达的结论，却偏偏要用50多页篇幅来表述。书中的论证都是充满了细节和观察资料的，必须把外面的装饰物除去，才能发现把它们结合在一起的钢铁结构。例如，谈到银价问题时，斯密就插入了一段逸出本题的话，这段话就占了75页；又如谈到宗教问题时，他也会游离题外，纵谈关于道德的社会分析；再如为了驳倒重商主义理论，就要写上200多页。

但是，尽管这一著作篇幅浩大，不讲究章法，却把渊博的知识、精细入微的观察和新奇的幽默熔于一炉，其中充满了洞察力、观察力和恰当的词语。首先把英国称作"店小二之国"的就是斯密，最先把市场作用比作"一只看不见的手"的也是斯密。斯密不仅把牧师和歌手、戏子和家仆一样列入不生产的居民阶层，而且轻蔑地把他们的职业看作最卑贱的职业之一。为此他曾遭到牧师们的激烈反对，因为他们认为自己在上帝的葡萄园中也进行了幸福的劳动。斯密称君主们是"社会上最浪费的阶级"，称政客们为"狡猾的政治动物"，说工商资产阶级只是为了"到能赚钱的地方去赚一个钱儿"，说政府向外国政府学习最快的就是"向人民的刮金术"。关于东印度公司——那时它正在东方进行劫夺——他写道："这是个极其奇特的政府，属于那个行政机构的成员，只要可能，每个人都想离开那个国家，一旦他带了他的全部财物离开了那里以后，即使那个国家的全部被一次地震所吞噬，他也满不在乎"。

《国富论》绝不是一本教科书。这部书是为它的时代写的，不是为课堂写的。读过这部巨著以后，对英国18世纪70年代关于学徒、熟练工和正在发展的资本家；关于地主、牧师和国王；关于工厂、农场和国外贸易，便会有一个栩栩如生的印象。斯密的书实际是在宣告一个新的资本主义经济秩序的来临。金银财宝、国王的窖藏，已一去不复返了；商人或封建主的特权、制造业行会这些概念，都已成陈迹。构成经济生活最基本要素的是：资本、竞争、自由、所有权和利己之心。《国富论》是关于历史的伟大论著，它说明"完全自由的制度"是怎样形成，怎样逐步演进的。

斯密的书又是为后世写的，因为它的生命力已经远远超越了斯密的时代。他所讲解的学说不是供学术界传阅的抽象理论，而是对治理一个国家说来，是有重大意义的。

总之，《国富论》是一部具有永久魅力的古典经济学名著。它所包含的深刻而丰富的内容，它对经济思想发展产生的巨大而广泛的影响，它的学术价值、理论意义和历史意义，使它成为一部划时代的伟大著作，成为人类文化思想史上一块璀璨的珍宝，一个不可多得的奇品。也使斯密永远在经济学家的圣殿中占据着一个非常重要的位置。

→大卫·休谟雕塑

相关链接

XIANGGUAN LIANJIE

大卫·休谟

大卫·休谟（David Hume，1711年4月26日—1776年8月25日），苏格兰哲学家，出生在苏格兰的一个贵族家庭，曾经学过法律，并从事过商业活动。1734年，休谟第一次到法国，在法国他开始研究哲学，并从事著述活动。1763年，休谟又去法国，担任英国驻法国使馆的秘书，代理过公使。1752年至1761年，休谟曾进行过英国史的编撰工作。休谟的主要著作有：《人性论》(1739-1740)、《人类理解研究》(1748)、《道德原则研究》(1752)和《宗教的自然史》(1757)等。与约翰·洛克（John Locke）及乔治·贝克莱（George Berkeley）并称三大英国经验主义者。

《国富论》的影响

斯密花了十年时间写作和修改《国富论》。

他将这部书当作《道德情操论》的续篇。我们不应忘记，他从未停止考虑和分析人的行为和道德责任。斯密不认为他只是经济学家，他是哲学家、理论心理学家、社会学家和政治社会体系的分析家。他是十八世纪的知识分子，他审视人的行为，不停地探索伦理学的究竟和道德的必要性。由于是续篇，《国富论》采纳但未再强调斯密在前书中所强调的——由于好奇和捕食的本性，人是上帝赋予地球的社会性动物。他的批评者们不要忘记斯密思想的中心部分是他不可动摇的信念，这就是人的高贵品质——同情的本能、善意和正义的冲动。

斯密指出，真正的自由市场是一个巨大而敏感的投票站，购买商品或服务就是投票——支持购买的而反对其他不太想要、太贵或不太有用的东西。价格于是公平地反映实用性（需求）、进行波动以调动和调整社会资源，从而达到公平而富有成效的效率、质量和改善了的服务。

书中总结了近代初期各国资本主义发展的经验，批判吸收了当时的重要经济理论，对整个国民经济的运动过程做了系统的描述，被誉为"第一部系统的伟大的经济学著作"。

此书出版后引起大众广泛的讨论，除了英国本地，连欧洲大陆和美洲也为之疯狂。

《国富论》的首次出版标志着经济学作为一门独立学科的诞生，在资本主义社会的发展方面，《国富论》起了重大的促进作用。

18世纪结束以前，《国富论》就已出了九个英文版本。人们以"一鸣惊人"来形容《国富论》的出版，并公认亚当·斯密是一门新学科——政治经济学的创始者。亚当·斯密因此而声名显赫，被誉为"知识渊博的苏格兰才子"。国会进行辩论或讨论法律草案时，议员们常常引证《国富论》的文句，而且一经引证，反对者大多不再反驳。《国富论》发表之后，被译为多国文字，传到国外，一些国家制定政策时都将《国富论》的基本观点作为依据。这本书不仅流传于学术界和政界，而且一度成为不少国家社交场合的热门话题。

"富国裕民"

读过亚当·斯密的著作，
就成了造诣高深的经济学者，
就能够懂得：
国家怎样富强，
如何生存，
以及为什么：
一旦有了普通的产品，
就连黄金也用不着。

——普希金

→普希金

在研究亚当·斯密的经济世界以前，我们不要忘记斯密是个哲学家，是道德哲学教授，他对哲学的兴趣，甚至比对经济的某些具体问题有过之而无不及。严格地说，他研究经济学只是研究哲学问题的副产品。他哲学研究的中心问题是，社会的本质乃至宇宙的本质是什么。斯密有一种深入到复杂事物中去寻找内在联系的探索精神，他为"好奇心"所驱使，为人类社会的"杂乱无章"所激动，想找到一个"中间事物的链条，用它把这些中间事物与先前存在的某事物连接起来，就可以使宇宙万物的全部进程连贯一致，组成整体。"（斯密语）在斯密完成的道德世界和经济世界的两部著作中，都贯穿着这种高屋建瓴的气势，都把人类社会理解为一个统一的整体，并试图用统一的基础去说明。

在《道德情操论》中，他把人类社会比作"一部巨大而又缜密的机器"，他说："机器是由工匠设制的，由许多不同的运动和效力的部件连接起来的小小的系统，而社会则是由许多被推动起来的不同的运动和效力的部件联结起来的想象的机器。"当他以这样的哲学观点思忖社会时，他确实有极其伟大的发现。

从《国民财富的性质和原因的研究》这部巨著的题目来看，《国富论》是研究财富问题的。它内容庞杂，涉及差不多当时人们对经济各个学科的所有知识，如经济学、经济史、经济学说史、财政学等等；差不多涉及了包括人类的历史、伦理、经济和政治上所表现的社会行为的所有方面，但是他对这所有方面的探讨，都没有离开过财富这个基本问题。斯密能够把他那个时代的整个经济学知识融会在一个研究对象的周围，而且用一个思想去贯通它，这使《国富论》获得了巨大的成功。

我们知道，经济思想的最初产生是与财富问题分不开的。政治经济学从一开始就被要求回答财富是什么、财富的源泉是什么，以及怎样才能迅速增加财富等基本问题。在斯密以前的近200年来，经济学家们一直在探索这些问题。对这些问题的不同回答，构成了最初经济学派的划分，如重商主义和重农主义。财富问题也是斯密研究的中心，他研究财富的生产、交换、分配和消费等所有问题。不过，在斯密，这却是为了一个更为基本的目标——"富国裕民"。

斯密说："政治经济学讨论怎样能够最适当地取得财富和达到富足"，"政治经济学的大目标是增进本国富强"。他还说："被看作政治家或立法家的一门科学的政治经济学，提出了两个不同的目标：第一，给人民提供充足的收入或生计，或者更确切地说，使人民能给自己提供这样的收入或生计；第二，给国家或社会提供充分的收入，使公务得以进行。总之，其目的在于富国裕民。"

要达到富国裕民，就得首先回答什么是财富，财富的源泉是什么？总之，要涉及国民财富的性质和原因的研究。在这些问题上，斯密的研究比前人大大前进了一步。重商主义认为财富就是货币，是金银，增加财富的唯一办法就是让对外国贸易的出口大于进口。重农主义把财富的源泉从流通领域转移到生产领域，可是他们只局限于一种特殊的生产形式——农业——从不越雷池一步。而斯密却抛弃了财富的某种直接的具体的形式，在经济学说史上第一次干脆地宣布：一国的真实财富不是重商主义所说的金银，也不仅仅是重农主义所说的农产品，而是一国国民每年消费的商品和劳务的流量。在弄清什么是财富之后，斯密又抛弃了生产财富的各种直接的具体的形式，再一次干脆地宣布：就是劳动——既不是工业劳动，又不是商业劳动，也不是农业劳动；而是既是这种劳动，又是那种劳动——是财富的源泉。

《国富论》开宗明义第一句话是："一国国民每年的劳动，本来就是供给他们每年消费的一切生活必需品和便利品的源泉。"劳动是财富的来源，这个对今天的我们来说是不言自明的道理，在斯密的时代提出这样的观点，确实有重要的意义。斯密抓住了"杂乱无章"的经济过程中的关键性"链条"和"发条"，把经济学的研究和体系的建立，放到分析劳动的基础上。

　　像牛顿认为物质世界是一个具有因果关系的、并为简单明了的定律支配的机械体系一样，斯密也认为经济世界是由许多不同行业的劳动所组成，并由劳动的分工和交换所联结起来的一部复杂的机器。请看斯密对经济世界的描述：

　　　"考察一下文明而繁荣的国家的最普通技工或日工的日用物品吧！你就会看到，用他的劳动的一部分来生产这种日用品的人的数目，是难以数计的。例如，日工所穿的粗劣呢绒上衣，就是许多劳动者联合劳动的产物。为完成这种朴素的产物，势须有牧羊者、剪羊毛者、梳羊毛者、染工、粗梳工、纺工、织工、漂白工、裁缝工，以及其他许多人，联合起来工作。……染工所用药料，常须购自世界上各个遥远的地方，要把各种药料由各个不同地方收集起来，该需要多少商业和运输业，该需要雇用多少船工、水手、帆布制造者和绳索制造者啊！……复杂机械如水手工作的船、漂白工用的水车或织工用的织机，姑置不论，单就简单器械如牧羊者剪毛时所用的剪刀来说，……（需要）矿工、熔铁炉建造者、木材采伐者、

熔铁厂烧炭工人、制砖者、泥水匠、在熔铁炉
旁服务的工人、机械安装工人、铁匠，等等。
同样，要是我们考察一个劳动者的服装和家庭
用具，如贴身穿的粗麻衬衣，脚上穿的鞋子，
就寝用的床铺和床铺上各种装置，调制食物的
炉子，由地下采掘出来而且也许需要经过水陆
运输才能送到他手边供他烧饭的煤炭，厨房中
一切其他用具……总之，我们如果考察这一切
东西，并考虑到投在这每样东西上的各种劳
动，我们就会觉得，没有成千上万的人的帮助
和合作，一个文明国家里卑不足道的人，即便
按照（这里我们很错误地想象的）他一般适应
的舒服简单的方式也不能够取得其日用品的供
给。"

斯密认为，使财富成倍增长的根本原因，在于劳
动的分工。斯密在一个制针厂看到的是：头一个人把
铁丝拉长，另一个把它拉直，第三个把它切断，第四
个把它削尖，第五个把针的另一头磨光，以安上圆头。
斯密说：

"我见过一个这种小工厂，只雇用10个

工人，因此在这一个工厂中，有几个人担任两三种操作。像这样一个小工厂的工人，虽很贫困，他们的必要机械设备，虽很简陋，但他们如果勤勉努力，1日也能成针约12磅。以每磅合中等针有4000枚计，这10个工人每日就可成针48000枚，即1人1日可成针4800枚。如果他们各自独立工作，不专习一种特殊业务，那么，他们不论是谁，绝对不能一日制造20枚针，说不定一天连一枚针也制造不出来。"

"分工在其他各种工艺及制作业上是和在这种极微细的制造上一样;虽然其中有许多不能像这样细分，其操作亦不能像这样简单化。但分工只要在每一种工艺上能够被采用就可以按照比例，引起劳动生产力的增加。各种职业所以能各个分立，似乎就不外是这种利益的结果。在产业与改良达到最高程度的国家，各种职业的分立，通常是最大发展。早期社会状态中一个人的工作，在改良的社会状态中，大都会成为若干人的工作。在每一个进步的社会内，农民往往就只是农民，制造业者往往就只是制造业者。生产一种完全制造品所必要的劳动，亦往往分给许多人去分任。以麻布和毛织物的制造为例。在其中各个部门内从亚麻及羊毛的收割者到麻布的漂白工人，平熨工人，或毛织物的染色工人，整理工人，有多少相异的职业被使用着啊！农业的性质，固不能像制造业那样容许致密分工，各种工作也大都不能判然分割开来。木匠的职业与铁匠的职业通常是分开的，但畜牧的业务与种麦的业务要一样完全的分开来，却是不可能的。纺者和织者几乎总是不同的人；犁者，耙者，播种者，收割者，却常常是同一个人。既然农业上这种种劳动在一年中随季节而转换，所以要一个人不断从事一种劳动，事实上是不可能的。农业上使用的劳动一切不同的部门，不能这样完全分离开来，也许就是这种技艺上劳动生产力的改良，所以总跟不上制造业上劳动生产力的改良的原因。固然，最富裕的国家，在农业上是和在制造业上一样优于一切它们的邻国，不过，它们在制造业方面的优越，比之农业方面的优越通常说是更显著的。"

分工只是人类协作的一种形式。协作的另一种形式是交换。斯密认为交换是人类所共有的，也是人类所特有的，他说：

"这种分工，曾经引出许多利益的，原来不是任何人类智慧的结果分工引起了一般的富裕，但引起分工的并不是任何预料和想求一般富裕的人类智慧。那对于人性中某种确定的倾向，即互通有无，物物交换，和相互交易的倾向，是必然的但极其缓慢极其逐渐的结果。这种倾向，是从来不会顾念到那样的广泛的好处的。"

"这种倾向，在人性中，到底是一种原始的不容进一步解说的原理呢？或者多半是理性和言语的能力的必然结果呢？这不是我们现在要研究的问题。它为一切人所共有，但在其他各种既不知道这种契约，也不知道任何别种契约的动物中，是发现不出来的。"

"我们从未见过甲乙两犬公平审慎地交换骨头。也未见过一种动物，以姿势或自然呼声，向其他动物示意说：这为我有，那为你有，我愿意以此易彼。一个动物，如果想由一个人或其他动物取得某物，除博得授予者的欢心外，不能有别种说服手段。小犬要得食，就向母犬百般献媚；家狗要得食，就做出种种娇态，来唤起食桌上主人的注意。我们人类，对于同胞，有时也采取这种手段。如果他没有别的适当方法，叫同胞满足他的意愿，他会以种种卑劣阿谀的行为，博取对方的厚意。不过这种办法，只能偶一为之，想应用到一切场合，却为时间所不许。一个人尽毕生之力，亦难博得几个人的好感，而他在文明社会中，……随时随地都需要同胞的协助，要想仅仅依赖他人的恩惠，那是一定不行的。他如果能够刺激他们的利己心，使有利于他，并告诉他们，给他做事，是对他们有利的，他要达到目的就容易得多了。不论是谁，如果他要与旁人做买卖，他首先就要这样提议：请给我以我所要的东西吧，同时，你也可以获得你所要的东西，这句话是交易的通义。"

接着，斯密探讨了支配商品交换的原则。我们知道，商品是按照等价交换的原则进行交换的。有些商品，如金刚石，本身的用途很小，但很值钱；有些商品，如水，用途很大，但价格很低。像斯密那样的古典经济学家，决不满足于对价格进行现象形态的描述，

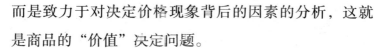

而是致力于对决定价格现象背后的因素的分析，这就是商品的"价值"决定问题。

既然商品交换就其实质来说，只是劳动的交换，那么，生产该商品所耗费掉的劳动时间就决定了该商品购买其他商品或货币的能力，它就决定了该商品的价值，也决定了该商品与其他商品和货币的交换比例。如果捕杀一头海狸所需要的劳动时间，是捕杀一头鹿的2倍，那么一头海狸当然换两头鹿。因此，"只有劳动才是价值的普遍尺度和正确尺度"（斯密语）。这就是劳动价值论的观点。斯密不是坚持劳动价值论的第一个经济学家，也不是最后一个人。在斯密以前，许多学者就提出了劳动价值学说；在斯密之后，李嘉图和马克思又大大发展了这个学说。但是斯密是承前启后的一个关键人物。马克恩说："我的价值、货币和资本的理论就其要点来说是斯密——李嘉图学说的必然的发展。"

劳动不仅是财富和价值的源泉，它必然也是社会一切阶级赖以为生的收入的源泉。斯密指出，社会有三大阶级，即以工资为生的工人阶级，以利润为生的资产阶级，和以地租为生的地主阶级。这三大阶级和三大收入，全都依赖于劳动者创造的、超过原材料和生产工具价值的价值部分。这种观点显然来自重农主义的"纯产品"的概念，但被推广到一切生产领域，并且成为马克思"剩余价值"理论的来源。那么，劳动创造的剩余部分是按怎么样的原则分配给社会各种阶级的呢？

劳动者生产了全部劳动生产物和它的全部价值，但是未必能得到他所创造的全部。因为在资本主义生产关系下，土地和生产资料都变成了别人的私有财产，工人是用别人的生产工具在别人的土地上劳动的，因此，他必须把劳动生产物的一部分，以地租和利润的形式，交给土地所有者和资本所有者，作为供品。工资、地租和利润在劳动生产物的价值中究竟各自占多大比例？斯密认为，这取决于阶级之间的力量对比。

地租是劳动生产物的第一项"扣除"，它完全是土地私有权的果实。斯密说："一国土地，一旦完全成为私有财产，有土地的地主，像一切其他人一样，都想不劳而获，甚至对土地的自然生产物，也要求地租。森林地带的树木、田野的草，大地上的各种果实，在土地共有时代，只须出些力去采集的，现今除出力外，却须付给代价。"可见，地租是不劳而获的，那么地主阶级呢？当然只是财富生产的累赘。斯密用讥讽的语言这样描写地主阶级："他们在上述三个阶级中，算是一个特殊阶级。他们不用劳力，不用劳心，更用不着任何计划与打算，就自然可以取得收入。这一阶级所处的安乐稳定地位，使他们自然留于懒惰。懒惰不但使他们无知，并使他们不能用脑筋来预测和了解一切国家规章的后果。"

利润是劳动生产物的第二项扣除，而以利润为生的阶级即资产阶级是这个社会的主要设计者和支配者。但是对这个阶级的动机，斯密是有理由怀疑的，因为他们以牟取高额利润为唯一的冲动，即使为寻欢作乐而相聚在一起的时候，他们谈话的内容不是勾结起来反对社会，就是阴谋抬高价格；他们一心一意地要抬高制成品的价格，要压低雇工的工资，因为他们这样做，分明是符合他们自己利益的。斯密认为，工商资产阶级都有一种卑劣的贪欲精神和独占精神，为了获得高额利润，他们可以干出反对公众和社会的任何勾当，甚至不惜践踏人间的法律。斯密得出结论说："他们这班人的利益，从来不是和公众利益完全一致。一般地说，他们的利益，在于欺骗公众，甚至在于压迫公众。事实上，公众亦常为他们所欺骗所压迫。"他警告政府："这一阶级所建议的任何新商业法规，都应当十分小心地加以考虑。非小心翼翼地、抱着怀疑态度作了长期的仔细检查以后，决不应随便采用。"事实上斯密研究市场规律的目的，就是要防止出现这样一种不合理的经济体制,这种体制"为了要促进一个国家一个小阶级的利益",却"妨害了这个国家一切其他阶级的利益和一切其他国家一切阶级的利益"。

在资本主义三大阶级中,靠工资过活的阶级,是国民财富和各阶级收入的唯一创造者,"别人的生活必需品、便利品和娱乐品,都由工人的劳动而增加"。但是他们的处境却最为悲惨,他们注定要汗流满面地终日劳作,却不得温饱。"供给社会全体以衣食住的人,只在自身劳动生产物中,分享一部分",因为从他们的劳动生产物中要扣除两项作为向资产阶级和地主阶级进贡。而工人留得的这一份,"只够他们赡养家庭,维持种类"。因为他们为提高工资而同雇主进行的斗争总是处于最软弱无力的地位,因为法律总是维持与他们利益相反的雇主们的利益,"为求争点迅速解决,他们老是狂呼呐喊,有时甚至用极可怕的暴力。他们处于绝望的境地,铤而走险,如果不让自己饿死,就得胁迫雇主立即答应他们的要求。"但是,"工人很少能从那些愤激的结合的暴动中得到利益。那些结合,部分因为官厅干涉,部分因为雇主较能持久,部分因为大多数劳动者为了目前生计不得不屈服,往往以为首者受到惩罚或一败涂地而告终。"斯密对资本主义不人道的工资极为反感,他坚决回击了那种要求压低工人工资的叫嚣，他说："我国商人和制造者，对于高工资提高物价，从而减少国内外销路的恶果，大发牢骚；但对于高利润的恶果，他们却只字不谈。关于由自己得利而产生的恶果，他们保持沉默。他们只对由他人得利而产生的恶果，大喊大叫。"斯密认为，高工资对劳动者有利，而低工资（它的另一个名称就是高利润）对资本家有利。斯密提出这样一个问题：高工资是对社会有利呢，还是对社会不利？他说："一看就知道，这问题的答案极为明显。""社会最大部分成员陷于贫困悲惨状态的社会，决不能说是繁荣幸福的社会。"

那么，在斯密的眼里，资本主义社会是个本末倒置的社会。下面摘录的是斯密著作中的几段话：

"在文明社会，虽然实行分工，但却没有平等的分工，因为许多人没有工作。财富的分配并不是依据工作的轻重。一个商人的工作很轻，但他的财富比他所雇用的全体店员的财富还大，而这些店员的财富，又比同数量的工匠的全部财富大6倍，虽然后者的工作多于前者的工作。在屋内安闲工作的工匠，比不歇地劳累地走来走去的苦工更有钱。这样，负担社会最艰难劳动的人，所得的利益反最少。"

"在这个文明国家里，富人的安适和奢侈，是靠劳动者和时代的'穷人'的牺牲来维持的。"

"对庞大的社会劳动生产物，作公正而平等的分配的情况是完全不存在的。在一个有10万户家庭的社会中，恐怕就有100户不是劳动的家庭。这些家庭依仗暴力或较为和缓的法律压力，花用着比这个社会中其他10万户家庭所花用的更多的这些社会劳动生产物。被这些人狼吞之后剩下来的东西，也不是按照每个人所支出的劳动进行分配的。相反的，劳动越多的人，得到的却越少。"

"地租和利润吃掉工资，两个上层阶级压迫下层阶级。"

这就是具有极为认真的科学态度的斯密眼中的资本主义社会，这就是诚实的斯密说的话。斯密对资本主义社会生理结构所做的解剖，是建立在他的科学的理论基础上的，而18世纪资本主义阶级矛盾和阶级斗争的相对不开展，使他能够站在公正无私的立场上客观地描述和分析资本主义社会。但奇怪的是，斯密对资本主义社会的分析，具有纯粹客观的性质，而且客观到这样的程度，他却丝毫没有得出一点点革命性的结论来。他把资本主义制度看成是一种合乎人性的、永恒的、合理的制度；他只是如实地、客观地描述工人阶级的悲惨状况，这只是现实世界在一个诚实的学者的头脑中的反映。他认为这是一种十分自然的现象。

　　是的，斯密不是任何阶级的支持者，他是忠于他的思想体系的。他既不反对劳动，也不反对资本，如果说他有倾向性，那么，他所支持的是消费者。他说："一切生产的唯一目的是消费，这是不言自明的道理"，然后对于把生产者的利益置于消费者大众利益之上的那些说法痛加申斥。

相关链接
XIANGGUAN LIANJIE

李嘉图

　　英国古典政治经济学的代表。生于犹太人家庭，父亲为证券交易所经纪人。12岁到荷兰商业学校学习，14岁随父从事证券交易。1793年独立开展证券交易活动，25岁时拥有200万英镑财产，随后钻研数学、物理学。1799年读亚当·斯密《国富论》后开始研究经济问题，参加了当时关于黄金价格和谷物法的讨论，1817年发表《政治经济学及赋税原理》，1819年当选为下议院议员。

←李嘉图

牛　顿

艾萨克·牛顿（Isaac Newton）是英国伟大的数学家、物理学家、天文学家和自然哲学家，其研究领域包括了物理学、数学、天文学、神学、自然哲学和炼金术。牛顿的主要贡献有发明了微积分，发现了万有引力定律和经典力学，设计并实际制造了第一架反射式望远镜等等，被誉为人类历史上最伟大，最有影响力的科学家。为了纪念牛顿在经典力学方面的杰出成就，"牛顿"后来成为衡量力的大小的物理单位。

牛顿于1643年1月4生于英格兰林肯郡格兰瑟姆附近的沃尔索普村。1661年入英国剑桥大学圣三一学院，在1665年他发现了二项式定理，1665年获文学士学位。

牛顿随后两年在家乡躲避鼠疫，他在此间制定了一些重要的科学创造的蓝图。1667年牛顿回剑桥后当选为剑桥大学三一学院院委，次年获硕士学位。1669年任剑桥大学卢卡斯数学教授席位，直到1701年。1696年任皇家造币厂监督，并移居伦敦。1703年任英国皇家学会会长。1706年受英国女王安娜封爵。在晚年，牛顿潜心于自然哲学与神学。1727年3月31日，牛顿在伦敦病逝，享年84岁。

　　备注：牛顿诞辰日期是儒略历1642年12月25日，即格里历（阳历）1643年1月4日；逝世日期是儒略历1727年3月20日，即格里历（阳历）1727年3月31日。

←牛顿

"看不见的手"

世上的人，辛辛苦苦，忙忙碌碌，为的到底是什么？一切贪婪和雄心壮志，一切对财富、权力和地位的追求，到底会获得什么结局？

——斯密在《道德情操论》中的问题

确实，他通常既不打算促进公共的利益，也不知道他自己是在什么程度上促进那种利益。他只是盘算他自己的利益。在这场合，像在其他许多场合一样，他受着一只看不见的手的指导，去尽力达到一个并非他本意想要达到的目的。他追求自己的利益，往往使他能比在真正出于本意的情况下更有效地促进社会的利益。

——斯密在《国富论》中的答案

现在我们来谈谈斯密关于人类经济事务这部大机器"发动机"和工作原理。

究竟是什么力量推动世上的人辛辛苦苦、忙忙碌碌从事财富的生产呢？是因为对他人不幸的同情和怜悯吗？斯密说："我从来没有听说过，那些假装为公众幸福而经营贸易的人做了多少好事。事实上，这种装模作样的神态在商人中间并不普遍，用不着多费唇舌去劝阻他们。"是出自对别人的恩惠吗？斯密说："我们每天所需的食料和饮料，不是出自屠户、酿酒家或烙面师的恩惠，而是出自他们自利的打算。"促使人们工作的第一推动力是人的"利己心"，是人对他自己利益的追求和打算。

但是，利己心不过是说明了情况的一半。不错，利己心是可以驱使人类去行动，但我们仍然需要某种东西以防止某些利欲熏心的家伙将整个社会据为己有。一个光靠利己心启动的社会，将变成一个横征暴敛的社会。斯密是个哲学家，在他看来，"社会和平和秩序比起济贫来说更重要"。在斯密的眼里，这是个混乱而又混沌的世界。在这个世界里，每个人都只关心个人的事情，贪财的动机和利己的盘算是这个世界的行为准则。至于社会和公共的利益，让上帝来照顾吧。像牛顿一样，斯密透过混乱的现象看到了秩序，他研究形成经济世界秩序的定律和定理。

有两个问题特别吸引斯密的注意。第一，他最感兴趣的是揭开使社会凝聚在一起的"机制"。一个人人孜孜求利的社会，是如何免于因离心力的阻挠，而陷于四分五裂的？是什么东西指引着每个人的个人行动而使其符合于集体的需要？在没有计划中心的权威和古老传统的稳定力量的情况下，社会是如何去完成生存的必要工作的？第二，他同样感兴趣的是，如果每个人都只追求个人的利益，是什么力量在驱使社会把它的财富这样惊人地增加起来的？这些问题使斯密穷其毕生之力去探寻市场的规律，而他所探寻到的，即他所谓"一只看不见的手"，借着这只手的调节，每个人贪婪逐利行为的结果，会比出自他们真正本意的情况下，更能有效地促进社会和公众的福利的增长。

斯密所揭示的市场法则几乎叫人难以相信：每个人皆应去做他最能赚钱的事，而用不着假模假样地装作去关心社会的利益，市场调节器自然会引导出一种有利于社会的结果。然而它又确实十分简单，它告诉我们，在一个许多个人的动机类似的环境下，个人的自私驱动力何以会导致竞争；它更进一步说明，竞争何以会导致社会所需要的物品、社会所需求的数量，以及国民财富的巨大增长。现在，让我们来看看它是如何发生的。

当每个人毫不考虑社会利益，而只是一心一意地为自己打算时，他必然会遇上许多想法跟他完全相同的同样自私自利的人。当一个人的利己之心促进他的行为越出常规时，其他人便会处心积虑地利用他的贪婪之心。这个利令智昏的人迟早会发现，他的竞争者早已把他的生意抢走；如果他对自己的产品索价过高，或是他拒绝与其他人一样，以同样的工资付给他的劳工的话，那么他在一方面会发现自己失掉了买主，另一方面会发现自己跑掉了雇工。

假如社会上有100个手套制造商，每个制造商当然都想把价格定得越高越好，但是他无法这样做。如果他提高他的价格，其他手套制造商就会用削价的办法乘机夺走他的市场。只有当这100家手套制造商相互勾结在一起，结成垄断市场的联合战线时，手套才可能以高价出售。但在这种情况下，另外一种行业——譬如说制靴业——的某一具有创业精神的厂商必然会介入，将他的资本投入于手套生产，而以削价的手段，抢走了市场，如此一来，共谋联盟的垄断局面便被打破了。

市场法则不仅将竞争性的价格加之于产品上，它还促使社会上的生产者仔细留意整个社会对物品的需要量。假设消费者决定，他们需要更多的手套和较少的靴子的话，那么消费者必然会争购市场上的手套存货，而靴子则会滞销；手套的售价就会升高，而靴子则因为无人问津，其售价必然下降。当手套的价格升高时，手套业的利润必然随之提高；而当靴子的价格下降时，靴子制造业的利润便会下落。在这种情况下，利益的机制将应时而起，校正此种失调现象。当鞋类业减产时，鞋类资本和工人必然会离开制鞋业，而走向景气兴隆的手套业。此种结果是十分明显的，手套的生产将会增加，而鞋类的生产则会下降。这正是社会在开始时所要求的。当更多的手套流入市场以满足大众的需要时，手套的价格将会回跌。而当靴子减产时，多余的靴子不久之后将会消失，如此靴价又将回升。通过市场的机制，社会将会改变生产要素的分配，以适应市场需求的变换。并没有人发号施令，也没有任何计划性的权威去建立生产的预定计划目标。自私与竞争两者相互抗衡，会导致最适合于整体社会利益的结果。

→爱丁堡

　　此外，市场法规的最大贡献，乃是它设计的赏罚结构最有利于经济增长。竞争就像用胡萝卜和大棒驱赶驴子前进一样，强迫每一个生产者把自己的聪明才智用到推动社会生产力发展的发明创造上。如果一个手套制造厂商能通过发明新的生产方法和技术、采用新的原料或设计新的款式来稳定地降低成本、扩大市场和增加利润的话，他一定会绞尽脑汁地去做；而他一旦这样做了，其他手套制造者一定会竭尽全力地去模仿他，因为在市场机制的匿名压力下，谁要是违逆了市场的旨意，那么他个人自由的代价将是经济上的毁灭。市场制度不仅给从事革新、发明和创造的人以最有力的刺激和奖赏，它还以最具威慑的方式将每一项有益于社会生产力发展的发明以最快的速度推广。"生存，还是死亡？"这个哈姆雷特提出的著名的问题，在市场经济下，取决于经济行为人是接受还是拒绝技术进步。

　　于是乎就出现了节俭啊、积累啊、慎重啊、远虑啊、改良啊、物博价廉啊，等等。这委实是社会的福音。斯密写道：

　　　　"对公众幸福，这真是一种极重要的革
　　　命，但完成这种革命的，却是两个全然不顾公众幸福的阶级。满足最幼稚的虚荣心，是大领主的唯一动机。至于商人工匠，虽不像那样可笑，但他们也只为一己的利益行事。他们所求的，只是找一个可赚钱的地方去赚一个钱。大领主的痴愚，商人工匠的勤劳，终于把这次革命逐渐完成了，但他们对于这次革命，却既不了解，亦未预见。"

我们看到，在斯密的世界中，整个复杂的非理性化世界被简化为一个理性的框架。在此框架下，人类的分子被很巧妙地安非在一个趋利避损的单极系统里。人们的自私动机，通过相互作用，却会发生极端出人意料的结果，以人们自己也察觉不到的方式在起作用——对私人目的的追求，促进了一个超过我们原有的更大的目的，而我们对这更大的目的，"既没有打算，事前也不知道。"而这一伟大的秩序工作安排，并不是有什么人在从中指导，也不是人们有意识的追求，它是由于自身利益和竞争这两大因素的作用，自然会把一些乱七八糟的事物整理得井井有条。人能够尽最大力量去做的是，帮助这个自然的社会力量前进，消除妨碍这一社会的物理现象的自由演变的任何障碍。

那么，斯密的理论体系到今天还依然存在的是什

么？不要忘记，斯密是工业资本主义以前的经济学家，他生前没有看到市场制度受到大企业的威胁，也没有看到他的伟大的社会进化理论和社会物理学被50年以后的社会学所搅乱。当斯密在世时，还没有发生过叫作"经济危机"的怪现象，他也无法想象机器的发明和使用会给使用机器的人带来的那种可怕的结果。他虽然看到了社会的演化，却没有看到一次革命。斯密在丑恶的工厂制度中，在成立未久的商业组织的法人形式中，或者是在工人构成其保护组织的软弱无力的尝试中，没有能看到一种新型的、带破坏性的、强大的社会力量的初步涌现。在某种意义上说，他的研究方式是，预先假定18世纪的英国处境将永恒不变。这种处境只会在量上发展——更多的人口、更多的商品，更多的财富；但其性质将保持不变。他所研究的是静态社会中的动力学：社会会成长，但永远不会成熟。

但是，他所绘制的关于市场的伟大蓝图，仍然是莫大的成就。诚然，"发现"市场的并不是斯密，别的人在他之前就指出了怎样由于自私和竞争的相互作用，会带来社会所需要的东西。但是，第一个了解市场这个"伟大的自然设计师"（斯密语）工作的全面经济意义的，首先以广泛和有系统的方式提出一个完整方案的，是斯密。他使英国，然后使整个西方世界懂得市

ADAM
SMITH

THE
WEALTH
OF
NATIONS

→《国富论》英文原版封面

场是怎样使社会团结在一起的；他是第一个在他所达
到的了解程度上建成一个完成的理论大厦的人。后起
的经济学家对斯密关于市场的描绘将加以润饰，对随
后发现的一些不足之处，将急切地进行探究。但是，
斯密对社会的这个方面加以描绘时的丰富多彩和生气
勃勃，是没有人能赶得上的。

相关链接
XIANGGUAN LIANJIE

马 克 思

全世界无产阶级的伟大导师、科学共产主义的创始人。伟大的政治家、哲学家、经济学家、革命理论家。主要著作有《资本论》《共产党宣言》等。他是无产阶级的精神领袖，是近代共产主义运动的弄潮儿。支持他理论的人被视为马克思主义者。马克思最广为人知的哲学理论是他对于人类历史进程中阶级斗争的分析。他认为这几千年来，人类发展史上最大矛盾与问题就在于不同阶级的利益掠夺与斗争。依据历史唯物论，马克思大胆地假设，资本主义终将被共产主义取代。

最后的岁月

亚当·斯密！

你现在活着该有多好：英国需要你。

——华尔华兹

试图在经济学家的先哲祠内，为斯密确立一个适当的地位是没有意义的。读《国富论》在某些方面像读莎士比亚的著作一样，因为我们会发现，我们有多少共同的习惯用语来源于《国富论》，我们有多少基本短语来源于斯密的光辉的见解。亚当·斯密不只是第一个真正有哲学修养和能力的经济学家，他是我们知识遗产的一部分，对于他，我们怎样感谢也不过分。

——海尔布伦纳

→莎士比亚

　　《国富论》问世以后获得世人接受是慢慢地来的，因为这本书需要人们聚精会神地去读才能理解其中之义，所以此书最初没有受到非常热烈的欢迎。就连斯密的一些好友也怀疑此书能否获得成功，他们认为，像斯密那样没有从事过任何实业活动，即使从事过，从外表来看也不会取得成功的人，根本不可能写出有关商业的好书。《国富论》出版时，斯密的一位朋友说：因为斯密没有从事过商业，所以他写商业著作不会比律师写医学著作好多少。当这话传到约翰逊耳中的时候，他说："这他可说错了。即便从未经过商的人，也会写出很好的商业书来的。没有什么东西比商业更需要通过哲学来论证的了。"

　　在一般的社会场合，人们谈到斯密更多的是因为他给斯特拉恩的那封信，而不是因为他的《国富论》。当时斯密正受到宗教界人士的毫无道理的猛烈攻击。

　　事情的经过是这样的：斯密的挚友休谟于1776年8月25日与世长辞了。斯密在给出版商斯特拉恩的一封信中，叙述了他对亡友的悼念之情。休谟的优秀品质、他面对死亡的轻松态度，全都被熟悉他性格的朋友怀着深厚的感情，真实地描写了出来。而且这些性格最后被归结为这样一句话："我认为，休谟无论在生前还是在死后，总是在脆弱的人性所许可的范围内，

大卫·休谟墓

接近于一个全智有德的人的理想。"斯密写此信时根本没有打算伤害基督教的信仰，而只不过是为自己信奉无神论的朋友说了几句好话，如实记述了他的极为出色的几种品质。但在宗教界人士听来，朴素的话语似乎是在向宗教本身挑战。人们经常听到的是，没有宗教信仰便不能度过正直的一生，也不能安宁地死去。然而在这封信中，休谟虽然是基督教的头号敌人，他度过的一生却能胜过正直的人，不但临死没有任何不安，而且被描写成具有积极的乐观精神的人。

当此信公开发表后，立刻遭到基督教护教者的口诛笔伐，其中攻击斯密最猛烈的一个人，是牛津大学马达伦学院的院长乔治·霍恩博士。在一本题为《一位被称为基督教徒的人就大卫·休谟先生的生平、去世及其哲学致法学博士亚当·斯密的书信》的匿名小册子中，他认为，具有休谟那样见解的人，不可能像斯密说的那样是有道德的好人，因为他如果真的那么宽容，那么富于同情心，那么善良，那么博爱，那么温和，就决不会要从人们的心中抹掉有关上帝的知识和对慈父般的上帝的热烈信仰，也不会去干"在全国传播无神论这样大逆不道"的事情。他进而把"大逆不道"的罪名加在斯密身上。他说："博士先生，我们了解您的诡计！您想得倒好，但是这一次却失算了。

您想用大卫·休谟先生的例子来使我们相信，无神论对于意志沮丧的人来说是唯一的兴奋剂，是对付死亡恐怖的惟一解毒剂……您去笑那废墟中的巴比伦吧！去祝贺那无情的恶魔汪吧！"顺便说一下，西班牙的宗教裁判所曾把《国富论》列入禁书，理由是"该书的文体低劣，道德观不强"。

　　对于这样的攻击，斯密没有做任何回答，也没有在公开场合提到过它。他是个真正的"道德圣人"，他确实做到了如他自己所说的："一个人如果蒙受了不白之冤，他应该像自己本来感觉很健康而被人说成是病

亚当·斯密墓碑上的头像

人那样，心里不感到任何不安。"

慢慢地，《国富论》以其丰富而深刻的思想、敏锐的观察力、通俗生动的文字和精彩广博的例证引起了轰动，人们被《国富论》博大的宏旨、严密的结构、渊博的知识以及它提供的那么多新鲜的东西所震惊，所折服。斯密活着的时候，看到了他的《国富论》再版了5次，被译成丹麦文、法文、德文、意大利文和西班牙文。《国富论》对英国国家的政策也同样产生了巨大的影响。从1783年起，英国议会辩论一再引用《国富论》。英国著名的首相皮特曾深入研究过《国富论》，成了斯密最忠实的信徒。他说："我认为，他渊博的哲学知识将为解决与商业史和政治经济学有关的所有问题提供最好的答案。"据说，有一次，皮特首相邀请斯密座谈，当这位大哲学家走进屋子时，大部分人都站了起来。斯密说："诸位先生们，请坐下。"皮特回答说："不，我们要等您先坐下才就座，我们都是您的学生啊。"斯密的学生和朋友普尔特尼议员在1797年议会发表的演说中，说了这样一句非常有名的话——这句话被后人反复加以引用——"（斯密）将说服这一代人，而支配下一代人。"

那么，在完成《国富论》之后，斯密都干了些什么？

　　1778 年，斯密被任命为苏格兰的海关专员，这是英国政府对斯密著作的社会价值的肯定。这一职务的年薪为 600 英镑，再加上做家庭教师每年领取的 300 英镑年金，他每年享有 900 英镑的可靠收入。在当时苏格兰的首都，每年 900 英镑的收入，可说是王侯的收入，大学教授每年只能得到 300 英镑的收入。待遇可谓相当优厚，但是，斯密的创造力好像突然枯涸了，他从此以后，再也没有写过什么值得注意的作品。

　　这是什么原因呢？亚当·斯密传记的优秀作者杜格尔德·斯图尔特（1753—1828）说得好，当海关专员，"工作虽然不怎么需要动脑筋，但仍浪费了他大量的精力，分散了他的注意力。现在，他的事业告一段落，他不能不痛惜被公务消耗的时间，他不能从事对社会更有益、与他的才智更相称的工作。他住在这个城市的最初几年，研究似乎完全中断了，对学问还保有热情，但这只是为了丰富业余生活，使谈话内容充实。他很早就感到临近的老年疾病，最后提醒他对社会和自己的名声还有欠债，但为时已晚。很早以前他就收集齐了他打算写的那部著作的主要材料，只要有几年不生病，不受外界干扰，他就可以把这些材料整理成书。"

　　斯图尔特在这里谈到的斯密未完成的写作计划，

亚当·斯密墓

是指斯密在完成《道德情操论》以后，曾经抱有的一
个巨大的异乎寻常的计划，想对世界提供一个包括人
类和社会各方面生活的、整个社会学说的体系。在
《道德情操论》的最后一段中，斯密曾许下了这样的诺
言："我打算在另一本书里论述法律和政治的一般原
则，论述这种原则在不同的时代和社会时期所经历的
种种变化。我将不仅从正义的角度，而且还将从国民
收入和军备以及其他法律目标的角度论述这一问题。"
从后来坎南先生发现的一本斯密学生的听课笔记中，
我们看到，完成这一庞大计划的基本观点、材料和大
致的轮廓，都已经具备了。可惜的是，斯密仅仅利用

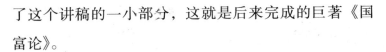

了这个讲稿的一小部分，这就是后来完成的巨著《国富论》。

但是，烦琐的公务耗去了他的大量的时间和精力，使他自然流于懒散和惰性之中，除了忙于公务外，斯密把大部分空闲时间都甩在研究诗歌和同朋友交往上，这自然使他无暇去完成他的计划。斯密曾说："我差不多已经忘记了自己是《国富论》的作者。"到了1785年，他终于记起他曾许诺的写作计划。但他还非常乐观，他说："我希望巨写两本书，一本是一种哲学史，是关于文学、哲学、诗歌和演说的各部门的，另一本是一种法律和政府的理论及历史。"关于这两本书，斯密告诉我们："大部分资料已经收集好了，而且其中一部分已经整理相当就绪了"。但这时，他已经感到"老年人的惰性已经紧紧向他侵袭"。不久他的身体日渐衰弱，使他无法完成这件事。

在有生的最后一年（1790年），斯密在《道德情操论》第六版序言中，又谈到了他的计划，他说："我已在《国民财富的性质和原因的研究》中部分地履行了这个诺言，至少就警察、岁入、军备各问题说是这样。所剩下的法律学原理部分我早已计划好，但由于其他任务过于繁重，无法完成。这些任务也就是使我没有时间去修改这本书的原因。"他接着说："由于年事已

高，要如愿以偿地完成这个大事业，已几乎不可能，但我并没有完全抛弃这个计划，从打算做到自己能做的事情这种责任感出发，我希望能继续完成它。因而我把30多年前出版时写的这段话未加改动地写在这里。当然，当时我很有信心，相信自己一定能够履行诺言。"但斯密说这话时，他的体力已经非常衰弱。不久，他就去世了。临死时，他还为他自己做的事情太少而感到遗憾，他说："我原打算写更多的东西，我的原稿中有很多可以利用的材料，但现在已经不可能了。"斯密就是带着这样的憾事瞑目的。

当感到死期正日益接近的时候，斯密急于要毁掉他的全部文稿。由于身体虚弱，自己动不了手，他一次一次地恳求他的朋友帮他把手稿销毁，但他的朋友一直未答应。在临终的前一个星期，斯密特意把他们叫来，要他们当着他的面立即把手稿毁掉。他们照办了。手稿被销毁后，斯密似乎大大松了一口气。

斯密于1790年7月17日逝世。时年67岁。奇怪的是，他的去世没有引起多大注意，也许人们正在全神贯注地为法国大革命事变和英国农村方面可能引起的反应担忧。他被葬于坎农门教堂墓地，墓碑非常不显眼，上面写着：亚当·斯密，《国富论》作者，长眠于此。

相关链接
XIANGGUAN LIANJIE

杜格尔德·斯图尔特

　　杜格尔德·斯图尔特（1753年11月22日—1828年6月11日），苏格兰哲学家，出生在爱丁堡。他的父亲，马修斯图尔特（1715年至1785年），是英国爱丁堡大学的数学系教授（1747年至1772年）。

　　杜格尔德·斯图尔特在爱丁堡的皇家高中和大学受过教育，他在那里读数学和道德哲学。在1771年，希望获得斯涅尔奖学金和到牛津英语教会继续

位于爱丁堡的奥尔顿山上的杜格尔德·斯图尔特纪念碑

学习，他前往格拉斯哥，在那里他参加了托马斯·里德的班级。虽然他没有学习过里德的道德理论知识，但是经过努力他完成这方面的学业，并且被里德评价为是一位令人敬佩的学木天才。

《道德情操论》

《道德情操论》是亚当·斯密的伦理学著作，他一生中共修订过六次。斯密从人类的情感和同情心出发，讨论了善恶、美丑、正义、责任等一系列概念，进而揭示出人类社会赖以维系、和谐发展的秘密。《道德情操论》对于促进人类福利这一更大的社会目的起到了更为基本的作用，是市场经济良性运行不可或缺的"圣经"，堪称西方世界的《论语》。

在《道德情操论》，论同情感中："人，不管被认为是多么的自私，在他人性中显然还有一些原理，促使他关心他人的命运，使他人的幸福成为他的幸福必备的条件，尽管除了看到他人幸福他自己也觉得快乐之外，他从他人的幸福中得不到任何其他好处。属于这一类的原理，是怜悯或同情，是当我们看到他人的不幸，或当我们深刻怀想他人的不幸时，我们所感觉到的那种情绪。我们时常因为看到他人悲伤而自己也觉得悲伤，这是一个显而易见的事实，根本不需要举出任何实例予以证明。因为这种同情的感觉，就像人性中所有其他原始的感情那样，绝非仅限于仁慈的人才感觉得到，虽然他们的这种感觉也许比其他任何人都更为敏锐强烈。即使是最残忍的恶棍，最麻木不仁的匪徒，也不至于完全没有这种感觉。

由于我们没有直接体验到他人的感觉，我们不可能知道他们有什么样的感受，除非我们设想在相同的处境下我们自己会有什么样的感觉。即使我们的亲兄弟正在拷问台上遭受酷刑，只要我们本身还轻松自在，我们的感官便不可能使我们感受到他正在遭受什么样的痛苦。我们的感官从来没有，也绝不可能，带给我们超出我们自身以外的感受；只有透过想象，我们才能对他的感觉有所感知。而想象的机能，除非是向我们描述，倘使我们身处他的处境时，我们自己将会有的感觉外，也不可能以其他任何方式帮助我们对他的感觉有所体会。我们的想象所复制的，是我们自身的感官所感受到的感觉，不是他的感官所感受到的感觉。如果想象我们把自己摆在他的位置，我们设想自己正在忍受所有相同的酷刑折磨，我们可以说进入他的身体，在某一程度内与他合而为一，从而对他的感觉有所体会，甚至我们自身也升起某种程度上虽然比较微弱，但也并非与他的感觉完全不相像的感觉。当我们这样对他的种种痛苦有所感知时，当我们这样接纳那些痛苦，并让那些痛苦变成我们的痛苦时，他的种种痛苦终于开始影响我们，于是我们一想到他的感觉便禁不住战栗发抖。因为，正如任何痛苦或穷困的处境都会激起悲伤的情绪那样，所以，设想或想象我们身处那样痛苦或穷困的处境，也会激起同一种情绪，其强弱视我们的想象鲜明或模糊的程度而定。

这就是我们对他人的不幸所以有同情感的根源。"

不读《国富论》不知道应该怎样才叫"利己"，读了《道德情操论》才知道"利他"才是问心无愧的"利己"。

——［美］米尔顿·弗里德曼

在经济学的发展历程中，由于人们只看到亚当·斯密在其《国富论》中论述资本主义生产关系，重视经济人的谋利心理和行为，强调"自利"，却相对忽略了其在《道德情操论》中所重视的社会人的伦理、心理、法律和道德情操，从而曲解、误读了亚当·斯密学说。

——〔英〕阿马蒂亚·森

我们目睹了金钱欲爆发之后的种种罪恶，会感到亚当·斯密称《道德情操论》比《国富论》更基本的含义。市场经济应该是一个讲道德的经济。没有诚信、同情心这些最基本的道德观念，市场经济就会引发灾难。

——著名经济学家　梁小民

亚当·斯密自己比起重视《国富论》来似乎也更重视自己的《道德情操论》。《道德情操论》不仅是他出版的第一本主要著作，也是他在逝世前的最后几年里竭尽全力进行修订的一本书。他在身患重病、知道自己已经时日不多的情况下，对这本书进行了最重要的一次修订，这说明了伦理学在亚当·斯密心目中的地位。对于道德真理的探讨在亚当·斯密那里是贯穿始终的。

——《沉思录》译者　何怀宏

《道德情操论》的英文原版封面